Finding Sanctuary

Monastic Steps for Everyday Life

一個人的聖殿

安頓心靈的七項修鍊

Abbot Christopher Jamison

克里斯多夫．傑米森—著

鄭明華—譯

目錄

〈專文推薦〉

尋找現代人的心靈聖殿

何萬良

現代人生活的特徵是忙碌。十九世紀工業革命之後，忙碌的人像被固定在生產線上，落入輪班的機器人生活。二十世紀初電子資訊革命之後，忙碌的人像被「程式化」的魔咒束縛，即使在公車、或捷運上，依然不停地在手機上滑動搜尋。英國國家廣播公司（BBC）記錄了五位自願體驗隱修生活四十天的現代男士，讓人得以親近隱修院生活的真實面貌，引起很大的迴響。

要打破忙碌的生活的確是一個挑戰。本書提出「靜默」（silence）與體驗「避靜」（retreat）是一種新選項。若對於西方隱修傳統本篤會（Order of St. Benedict）隱修精神沒有太大興趣的讀者，建議可以從第二部分開始。在這個部分，本書體貼地為讀者們提出「安頓心靈的七個步驟」，鼓勵我們每天練習「五分鐘」的「靜默」，也就是練習「不講話」，讓「靜默」成為生活的一部分，就像是「呼吸」一樣自然的生活方式，同時，引用《聖經》「死亡與生命，全在乎唇舌」（箴言 18:21）的教導，避免在日常生活中流言蜚語、批評判斷或說粗話等無謂玩笑的話語。

「靜默」與「避靜」的生活方式能成為脫離現代生活束縛的「動力」，雖然剛開始練習靜默時，我們可能會不斷受到生活瑣事與各種念頭的干擾，例如：「這個月的手機費、孩子的補習費還未繳」等等。學習「繞過去」，繼續練習靜默，聆聽自己內在的聲音。辨識哪些聲音是破壞自己、或批評他人的生活態度，檢視自己生活中核心的價值，反省內心正向感恩、或是負向破壞的態度居多。在「靜默」與「避靜」中，我們將更認識自己與這個世界的本質。這些「靜默」與「避靜」的經驗會引導我們進入「靈性生活」。這是耶穌基督的門徒所提醒「你們的身體是聖神的宮殿」（格林多前書〔哥林多前書〕6:19a）的信仰幅度，也是本書的重點進入個人靈性生活的聖殿。

然而值得注意的是靈性生活絕非自私自利，閉鎖在自我靜默的世界，相反地，靈性生命是走出自我、服務與愛的生活態度。印度加爾各答的德蘭修女（St. Teresa of Calcutta）曾精準表達了「靜默」與「愛」之間的豐富關聯——「沉默的果實是祈禱，

祈禱的果實是信德，信德的果實是愛，愛的果實是服務」。

對沒有信仰的朋友而言，「信德」與「信念」可以互相詮釋，指向維繫人與人之間，最基礎的靈性生命元素之一「信任」，是我們與他人之間的基本關聯，封閉的心靈可以是一個人的囚房。渴望人與人之間能有一座「心靈花園」，猶如本書所提及一九九二年英國聖公會牧師所提倡的「寧靜花園運動」。事實上，早在十六世紀赤足加爾默羅會（Order of Discalced Carmelite）耶穌德蘭修女（St. Teresa of Jesus）即以「花園」比喻「祈禱」與「造物主」的關係，提醒我們戒絕「野獸爬蟲」的行徑，「要進入你的內室，關上門，向你在暗中之父祈禱」（瑪竇〔馬太〕福音 6:6）。進入內心幽靜的「靈心城堡」（Interior Castle），享受屬天的平安與寧靜。

（本文作者為台灣本篤會神父、耕莘健康管理專科學校校牧）

〈專文推薦〉

以虔敬看見神聖：當下即是聖域

鄭存琪

快速變遷的忙碌生活，彷彿是上天賜予現代人的生命禮物，讓我們更容易體會到無常，對生命感到迷惘，常質疑自己：「這真的是我想要的生活嗎？」即使在世俗生活中更加努力、出人頭地、獲取更多名利，內心總有種不對勁、不滿足的感覺。這些無法安心的疑惑與挫敗失落的痛苦，成為一股想要出離這種表相生活的渴望，驅使我們去探索生命意義，希望能夠了悟「生命的本來樣貌」。

回歸自性是一件既容易又陌生的事，自性從來都是顯露著的，我們也與祂時刻不離，但是卻尚未認出。正如書中所說：「這個心靈與智慧的聖殿是無限大，所以你不會一下子就找到」。尤其是，我們習慣以自動化、未充分覺察的方式生活，擅長以思維去尋找過去的經驗或未來的目標來處理（doing）事物，對於回到自心、單純覺察、

認識自己、活在當下的存在（being）模式並不熟悉，因此，必須有實證經驗的老師來引導，幫助我們走上「縮小自我、消融自我、照見生命本質」的心靈旅程。

作者以基督宗教修道院的實際生命經驗，透過建構「心靈聖殿」的隱喻，以七個步驟，來說明這段回歸心靈的歷程。

(1) 首先，在旅程出發前，有一個安全場域（safe place）來修學是很重要的。它包含了外在與內在兩個部分，外在部分為安全無憂的物質環境與支持修學的友伴；在剛開始時，如果能有一個與日常生活不同的學習環境，讓行者在內心有所區隔，能夠安心地放慢腳步，是一件很幸福的事。內在部分為自願持守的規範，它反映著求道的動機、自我紀律與自我慈愛，讓我們在生活中能夠守護自己、真誠正直、心安理得、無所畏懼，讓心容易寧靜下來。這即是品德之義，由此「品德」之門進入聖殿。

(2) 以「靜默」讓注意力回到自己身上。靜默是一個簡單卻不容易辦到的事，行者常會感受到想說話的衝動，並且覺察到原來內心是如此吵雜，有著許多誇大、批判、邪惡等想法與故事。靜默是一個自律與傾聽自己的練習，當我們以全然地接納、不評價、好奇、欣賞的角度來覺知自己的身體感受、情緒、想法與衝動時，會發現，自己像是個觀察者在覺知它們，與它們有一個距離，它們會來來去去，並沒有原先想像的真實。這個體驗不僅可以改變自己與身體感受、情緒、想法與衝動間的關係，減少受到它們的影響，並且也增加了我可以選擇如何回應的自主性。

以「默想閱經」，感受天主了解與慈愛我，經典是為我所說，直接給我教導。以「虔敬祈禱」，與天主、與內心，做深層、親密的對話，我並不孤單，有個至高的生命總是看顧、陪伴著我。

然後以開放、覺知的態度生活，來「默觀」與領悟天主、生命的賜予和啟示。由以上四項做為聖殿的地面基石。

(3) 在實際生活與人我互動中，常會發現，當別人的意見或事情的發展是合於己意時，我會感到高興，並且希望狀況能夠持續下去；如果是不合己意時，我會生氣、抗拒、逃避，希望狀況趕快消失。行者需要覺察到這種自我中心的想法，辨別與自制個人的私欲，聆聽天主與內心的良知，來縮小自我與服務他人，以「服從」做為聖殿的牆壁。

(4) 在修行一段時間之後，會深切地感受到：覺察與調整自己的言行舉止，是一

件多麼不容易的事。會看見自己內心有許多懦弱、恐懼，體會到要如先知、聖者一般的承擔與犧牲，是多麼困難的選擇啊！行者會自然地謙卑，敬畏天主，誠實地面對自己的陰暗面，對過去曾做過悔恨與遺憾的事坦誠告解，感念天主寬容的慈愛。這個折服我慢、消融自我的歷程，不僅讓行者更了解人性，也因感受到天主無條件的愛而更加喜樂。這便是以「謙遜」之梯，踏實地爬到聖殿屋頂。

(5) 了解自己與人性，必將增加同理心，體諒別人，增進人際互動的品質。每個人都是天主的摯愛，人與人之間也都是相互依存、彼此相關連的，當我們以「接納、聆聽、包容他人，多為別人著想」做為聖殿的窗戶時，便可以迎接與領受天父透過他人所散發的光芒。

(6) 由於每個人都有自己的特質與獨特性，選擇自己合適的修行方式，堅定地走下去，路途中的體驗，都將成為自己聖殿中的「傢俱陳設」。

(7) 每個心靈傳統，都有祂完整的哲學與指引，並且已經有許多前輩以生命去驗證與實踐，深化與豐富其內涵。祂是一個整體，環環相扣，很難單獨取出某個所謂的「精髓」做為「有效成分」，更不合適「東取一點、西取一點」，到處拼湊。作者在此強調「信仰」是整個聖殿的接合劑，將整個聖殿牢牢地穩固，希望讀者能夠在審視選擇後，投身一個傳統信仰，把祂當作是歷程的一部分。

最後，當我們建構了心靈的聖殿，也將找到把自己奉獻給天主，並蒙受天主祝福、許我聖潔的聖壇之處，也就是找到自己以愛實踐的天命。此時，我們將會以虔敬之眼，看見所有的事物皆為神聖，並且感恩、報恩，真切地體會到：當下即是聖域。

（本文作者為佛教慈濟綜合醫院台中分院精神科主治醫師）

〈專文推薦〉

牢記過錯可以是開心的

賴佩霞

首先要謝謝「啟示出版」的推薦邀請，讓我有機會從茫茫書海中認識這本好書。這邀約讓我想到多年前朋友傳來YouTube，三集由英國BBC電視台錄製關於英國渥斯隱修院二十二位修士，以及五位男士在院裡生活四十天的實錄報導《*The Monastery*》。當時看了很感動，仔細翻閱，沒錯，本書的作者就是那位文質彬彬的院長克里斯多夫．傑米森神父。

如果英文程度可以，建議讀者在看書之餘，試著上網看看影片，以豐富閱讀時無論在視覺或感覺上的體會。雖然本書是在電視節目播出大受歡迎後纂寫而成，內容完整獨立，但對於我這個以視覺感官刺激為首的人來說，相互呼應，的確讓我對本書想傳達的理念有了更全面性的了解。

書，有它奇妙之處，特別是針對靈性探討的主題更是如此。常常讀到一句話、一段故事便不自覺地停下來，闔起書本、閉上眼睛，讓那些話沉澱到更深更廣的心靈角落，靜待它萌芽、滋長、發酵。這是其他媒介無法取代的特質。說到這裡，我還想特別指出本書的翻譯。由於我自己曾擔任中英文的即席翻譯，也譯過書，我謝謝本書的翻譯鄭明華先生，此作乃中譯本之佳作。近年邀約不斷，不諱言，我時常必須掠過翻譯稿，直接找原文書才能了解其作者想表達的原意。很多好書，就這樣被犧牲掉了，令人扼腕。

再次強調，這不只是一本極有價值的靈性探索好書，而且還是由一位成熟的譯者執筆，難能可貴。精準的翻譯對一個有心學習的人來說相當重要，此書為例，要把宗教體驗、宗教慣用語詞，轉化為一般人能理解的體驗，不要說翻譯，就算同文同種要說清楚都不容易，何況傳統背景差異如此之大。藉此提出，願讀者在閱讀時，也能花一點心思品味譯者的巧思與細推，令人讚賞。

小時候雖然常跟母親到處走訪大寺小廟，五歲時，卻把我送到外語「道明天主教幼稚園」，當時每天跟著修女進教堂祈禱、唱詩，開心不已。讀本書時，好多美好的

體驗跟著浮現了起來，當初教導雖然淺薄，但我似乎很早就了解靜默跟傾聽的關係，還有誠實面對自己跟堅定的重要。上公立小學後，雖然受同學欺負，我也不曾選擇反擊。或許就是跟修女相處那幾年的啟蒙教育，奠定了我常年駐守心靈安頓的主要原因吧！

有些人對於天主教、基督教把人視為「有原罪」這事不解，對此，作者作了很詳細的解釋，這是我第一次這麼安靜的去聆聽它背後的意涵。對我來說，這無關乎認同與否，倒是透過閱讀，我更能理解一位虔誠教徒信仰上的思維脈絡，還有其教義的核心精神與價值。容易閱讀，同時也容易理解。

此外，我非常喜歡作者用了一整章的篇幅談論謙遜的重要，還有它跟修行的密切關係。書中說道：平心靜氣、隨遇而安，不只是品德，其反映出來的是高貴的自我認知，即使時不我與，謙遜的人也能過得快樂而豐盛。而且當內心、外表經常顯露謙遜時，就可以統稱為美德。哈～～了解！

還有，修士長年過著團體生活，就像所有團體一樣，人相處久了難免有摩擦，是什麼樣的行為造成團體分裂？抱怨如何發酵？如何避免？這樣的大哉問，想必也是無論家族的大家長，或公司、企業領導人都想尋求解套的大智慧。經過多年的觀察，文中也有精闢的分析。

雖然不能稱自己為虔誠教徒，但最後我想提出本書一段非常印我心的話：

在聖本篤之梯頂端的人，必須藉由「貶抑」而上升：梯子的頂端其實就是要你始終牢記自己的過錯。在最高的梯級上，牢記自己的過錯正是修士喜樂的來源，因為這提醒了他天主的慈悲，以及天主對他的摯愛……因為他能深切明白自己的過失、不遷怒他人，並以感謝的心情時時讚美天主的慈愛。

原來，牢記自己的過錯正是修士喜樂的來源。讀到這一整段時，不妨請你也閉上眼睛，稍作停留……原來，牢記自己的過錯可以是喜樂的來源；原來，牢記自己的過錯，可以是一件開心的事。原來，牢記過錯＝喜樂。哈哈，真好！

希望你跟我一樣喜歡這本修行指南；不同的角度，同樣的修持。

（本文作者為《魅力雜誌》發行人、心理諮詢師）

謹呈給我在渥斯的修士兄弟們

以及渥斯的院長前輩們：

維克多・法衛爾院長

多明尼克・給斯弗院長

史帝芬・歐提格院長

〈開場白〉

學習傾聽你的人生

英國國家廣播公司（BBC）製作了一部系列影片《修院生活》（*The Monastery*），記錄了五位自願體驗隱修生活的現代男士，在鏡頭前度過的四十個晝夜。親眼見到修士們對這些掙扎的世俗中人的細膩而體貼的回應，令數百萬名觀眾非常意外；他們一直以為，修士們是「與世隔絕」的，而如此待人接物的方式，似乎只應該出現在開放、自由，有良好教養的人身上，而非隱居的修士身上。

修士們不僅接納這五位男士，同時也要求他們；他們必須持續不斷、專注而深入地聆聽自己、他人和天主的聲音。四十天後，這深入的傾聽改造了他們的心靈與智慧，一如它改造了無數個世代的修士和修女的心靈與智慧。比起初來乍到的彼時，五位男士在「修院生活」結束後，顯然更貼近了自己的生命。

不論是否有宗教信仰，人們漸漸發現，在信奉基督的修道院傳統中，確實有某些足以取法的特殊處。

沒料到的是，《修院生活》不只吸引了超過三百萬名觀眾觀賞，同時還深受評論界與民眾的喜愛。影片首次播出後的一個月，渥斯隱修院的網站流量達到四萬人；也是在那段期間，我們收到數百位民眾的報名，希望來渥斯避靜。

來此避靜的人是觸發我寫作本書的原因之一，那些沒有宗教信仰背景的人提供了我另一個切入點：他們並非背離信仰的世代，但宗教對他們來說，卻比較像一本未曾打開的書，或是「玩笑最好的出處」。然而這些人的真誠探索，與他們傾聽人生新義的熱忱，不僅鼓舞了我們這些修士，也讓我們學著更謙卑；人們學習我們的所思所想，並說這種生活方式不僅僅是我們的寶藏，也是他們的禮物。

看來，聖本篤還有很多值得現代人學習的智慧。

一千五百多年前，聖本篤在卡西諾山（Monte Cassino）的隱修院擔任院長，為當時的修道生活寫了一部「會規」。這座隱修院位於羅馬南邊的巍峨山頂，當時的義大利飽受蠻族入侵、局勢混亂，因此聖本篤了解的不僅是隱修生活，也包括未開化的蠻族生活。人們經常把《聖本篤會規》（*Rule of Benedict*）誤認為戒律書，事實上，這本書是他身為一名基督侍奉者，對生活的深刻體悟，並以實際的建議（會規）教導修士們的實踐之法。直到今天，這些深刻的體悟仍指引著我們，許多會規後來也做了符合風土民情的修改——如聖本篤所希望的——因應環境而變

世世代代的修士和修女們，融合了當時的現實生活以及實踐會規的智慧，不斷衍生出新的體悟；數百年來，直到今天，正是這種融合所產生的能量，使隱修院成為人們安頓心靈的聖殿；而這個聖殿也能在所有有心人的心中不斷重生。

如果你也正在尋找生活中的聖殿，請接受本篤會弟兄們的邀請，進入會規序言中所揭示的「聽，我兒，你要注意我的訓言，側耳傾聽我的教導」的平和世界。

《修院生活》於二〇〇五年五月，在英國國家廣播公司（BBC）首播，參與的五位男士為：東尼（Tony）、蓋瑞（Gary）、安東尼（Anthoney）、尼克（Nick）與彼得（Peter）。

這個節目開拍時，東尼年僅二十九歲，單身，居住在倫敦，從事情色節目的預告製作；

蓋瑞當時三十六歲，是一位來自康瓦爾郡的畫家和室內設計師，單身；

安東尼時年三十二歲，在倫敦一家法律圖書公司工作；

尼克，三十七歲，也是單身，在劍橋大學攻讀學博士學位；

彼得則已婚，是一位住在布里斯托的退休教師，同時也是出版過作品的詩人。

前言

建造一座獨享的心靈聖殿

「你為什麼會當修士？」人們經常這麼問我，我卻不知道該怎麼回答。所以我把這個問題想像成有人在問：「你為什麼選擇與某個人共結連理？」這麼提問的人也許是想知道對方對婚姻的看法（你們為什麼不同居就好？）；或是「你為什麼是與這個人結婚而不是其他人？」這個提問可能和他剛離婚有關。每一種情況都會得出不同的答案。

我給過很多種答案，但我真正想說的卻是：「我不知道。」我不知道自己為什麼會成為一名修士，因為我最初選擇加入的理由，和我最後留下來的理由不同。我加入是因為我認為「當一名修士可以拯救世界」；留下來則是因為我發現「隱修院是一個能拯救我的地方」。

在我有能力幫助他人找到聖殿前，我必須先找到自己的。

和每個人一樣，我自己的故事也有尋常和不尋常之處。不尋常之處是我出生於澳洲，父母親都是澳洲人，和英國完全沒有關係；隨著父親派駐到設在英國的分公司擔任常務董事，我們遷居到了英國，同行的還有我三位哥哥。當時我還在襁褓中。尋常之處是我一出生就領洗，讀的是天主教學校；管理學校的修士們能力很強，也很慈祥。然後我順利進入大學就讀。

在大學期間，我很清楚自己並不想追隨父親和兄長們的經商腳步。感謝大學附屬教堂裡的神父們，引領我做正規的冥想，並與那些遊走在社會邊緣的人一起工作——特別是旅行者。因為一連串的機緣，我來到渥斯隱修院，發現此處的修道生活不但具備所有能夠激勵我人生的元素，還有能啟發我的修士們。

是基督召喚了我嗎？當然。

祂是否留了訊息給我？沒有。

如果你要我明確指出一個時間，那會是我在大學宿舍裡研讀《聖經》的某個晚上。當時我十九歲，並在那年稍早的時候，決定要讀完所有的福音。那天我正在讀〈瑪竇福音〉（馬太福音），讀到第十章的三十七到三十九節，耶穌說道：「誰獲得自己的性命，必要喪失性命；誰為我的緣故，喪失了自己的性命，必要獲得性命。」這段話令我心中一陣震顫。對我來說，它彷彿就在形容我的困境：「得到事業所能帶來的、卻失去我所珍視的；或放棄垂手可得的，轉而向天主尋找。」答案已經很明顯了，但把決定付諸實踐並且向每個人說明卻很困難。我決定試一試，心想自己說不定

連見習修士都當不了！沒想到，我越來越喜愛這樣的生活。

在這本書裡，基督的召喚是一個隱而不顯的承擔。我說「隱」是因為我不會一直重複它，而「承擔」則是因為聖本篤的體悟就是在呈現基督的體悟。《聖本篤會規》是一部闡釋基督教義的著作，裡面有許多引自《聖經》的語句；而《一個人的聖殿》是幫助你了解聖本篤的教義，卻不會把你——我的讀者——設定為基督徒。不過，這本書還是以基督徒的聖本篤及其隱修傳統為前提。

不可諱言的，信仰基督的修道者，與我們其他宗教的弟兄、姊妹們也有許多共通點，特別是佛教的修行者；但在討論這些相似性時，我們必須更謹慎一些。在天主教和佛教的修道生活中，獨身和誦經是非常像的；渥斯隱修院就與西薩塞克斯郡（West Sussex）的戚瑟斯特佛法道場（Chithurst Buddhist Monastery）誼合情篤。我們經常交換意見，也知道彼此有哪些相異和相似之處。

我們聖本篤教會修士信仰的是基督，所以若想真正了解我們，就必須了解基督的教誨。

如果你對於天主和基督的看法是：「我不知道有什麼好信仰的。」那也無妨，只要在讀這本書時敞開心胸就好，因為《一個人的聖殿》是以你們的立場撰寫的。請容我舉個例子來說明「不知道」的重要。

某天，幾位老人去埃及拜訪一位當時頗負盛名的隱士聖安東尼院長（Abbot Anthony of Egypt, 251-356）。在這群老人中，有一位是若瑟院長（Abbot Joseph）。老安東尼想試驗他們，便讀了一段經文，然後從最年輕的開始，問他經文的意思。每個人都提出自己的看法，但老安東尼的回答都是：「你根本不了解它的意思。」最後他問到若瑟院長：「你知道這段經文的意思嗎？」他回答：「我不知道。」安東尼院長便說：「若瑟的回答是正確的，因為他說『我不知道。』」

這個故事出自《曠野教父及教母語錄》（*The Saying of the Desert Fathers and Mothers*），一本古代的智慧精選，經常鼓勵我們重新思考生命。書中的這些教父和教母們，是基督信仰史上第一批修士與修女，於四世紀和五世紀時居住在中東的沙漠地區，其中最著名的就是聖安東尼。他的故事非常多，上述例子只是其中之一。

以我們今日的觀點來看，這些教父和教母女生活在一個充滿魔鬼與誘惑、天使與奇蹟的奇特世界裡，有些人看似非常古怪，因為他們的生活方式與現代人追求舒適的觀點完全背道而馳。住在柱子頂端、被參訪者視為聖人的敘利亞人西莫盎[1]，可算是其中最古怪的一位。不過話說回來，如果大衛．布萊恩[2]可以在高掛於泰晤士河上空的壓克力箱中禁食四十四個小時，並吸引二十五萬名仰慕者前來參觀——那麼這些曠野教父也不是真的那麼古怪了！

他們在當時雖被當作奇人異士，卻也吸引了許多權貴前來尋求指引；他們遠離了當代的煩擾，找到令人稱羨的神聖殿堂；他們的智慧，無論在過去或現在，都一樣珍貴。

在這些沙漠的聖殿中，有些曠野教父和教母們成了最早的傑出精神導師，有些則成為最早的心理學家；他們深入心靈深處，並以你我難以想像及檢驗的方式，邀請人們見識這種靈性生活。

聖本篤出生於西元四八〇年，正值曠野修行全盛期即將結束之際；他視這些人有如導師。他們是卓越的指引，結合機智、洞察力和智慧於一身，令我們這些現代人欽羨。在閱讀這本書時，這些曠野教父和教母們也會陪伴你們走完旅程，幫助你尋找自己的聖殿。

這趟旅程是關於：**如何在日常生活中建立一座心靈的聖殿**。在踏出第一步前，我想請你思考一下現代生活的忙碌紛擾，以及它的成因，然後再問：你可以採取哪些步驟找到安頓心靈的聖殿？我自隱修傳統中挑選了七個步驟，每一個步驟都會是聖殿的一部分：大門、地面、牆壁、屋頂或窗戶，以及傢俱與陳設。這座庇護的聖殿是以心靈及智慧建立的，比什麼都真實。

渥斯的修院教堂是一座大型建築，但在設計上非常簡樸，而且不分晝夜、隨時開放。我希望當你在閱讀這本書時，你為自己的生活所建立的聖殿，會像我們的教堂一樣：寬敞、美觀，而且充滿活力。

---

1. Simeon Stylites, 391-459，即柱頭（頂）隱修者，曾在六十呎高柱上苦修三十年，向人宣講耶穌道理，並發先知之語。
2. David Blaine，現代的「街頭魔術師」，曾於二〇〇二年五月時，表演站在約十層樓高、直徑只有五十六公分的柱子上三十五小時左右；二〇〇三年時，又在倫敦泰晤士河上挑戰四十四天的高空生活。

第一部

我是怎樣變忙的？

為忙碌的母親們準備的食譜、為忙碌的教師們想好的教學大綱、為忙碌的主管們舉行的研討會——這只是一小部分今日常見的課程，協助我們應付生活的繁忙腳步。每個人談到「忙碌」或回應「忙碌」時，似乎都認為這是他們掌握不住的，彷彿在過去某段時間裡，有某個叫「忙碌」的邪靈入侵地球，而我們一點辦法也沒有。在「美好的歲月」裡，人們曾有段有閒情、生活步調也悠緩宜人的時光；但「現代社會」改變了一切：生活充滿了無法喘息的催逼。「人們不像過去那麼有時間」——當有人這麼說時，我們都點頭同意。

最近，我常問來渥斯隱修院避靜的人，在現代生活裡，他們都在何處安頓自己的心靈。有些人很坦白，說自己根本沒有安頓心靈的地方：他們太忙了，所以才要來避靜。「忙碌」彷彿是種流行病，他們只不過來這裡做了四十八小時的避靜，心裡就充滿強烈的罪惡感：「我得讓我的另一半獨自照顧孩子們。」他們說；或是「我這時應該工作的。」他們認為自己來到渥斯，根本就是放縱自我。

於是我問他們：「為什麼你會讓自己走到這般田地？」——這個問題令他們驚訝極了，因為在這之前，他們一直認為忙碌的生活是別人造成的，或是許多人認為「現代生活」理應忙碌，而且是生活在二十一世紀、已開發國家中的懲罰；總有一天，他們會做一個重大的人生決定、擺脫這一切……然而，時候未到。

「忙碌」當然是一個相對的名詞，有則幽默的廣告正好生動地說明了這點：在加勒比海的一座島嶼上，一個騎自行車的男人卡在一輛動也不動、看來非常無助的巴士後頭，騎自行車的男人抱怨：「老天，這可真是嚴重的交通阻塞！」所以，不妨讓我們暫且放下忙碌本身的相對性，好好研究一下現代生活中「太忙碌」的感覺。

簡單地說，如果有人說自己太忙，那麼他們要不是真的很忙，就是自認為很忙；不論哪一種，他們自己都有責任：他們選擇過忙碌的生活，或是自認為忙碌的生活。

我跟來此避靜的朋友說，是他們選擇了忙碌，但他們無法接受這種說法。然而《修院生活》節目中的五位男士，最後卻證明了這個說法，比大多數人所理解的還要真實；其中幾個人非常不能接受無事可做，還得長時間保持靜默。沉靜和不語在他們看來很奇怪，而且一開始的時候，他們可不太喜歡；例如東尼和安東尼，剛來的前幾天不斷地打行動電話，還覺得生活怎麼可能不忙碌？

至於人們是怎麼選擇了忙碌，我想有必要解釋一番。在英國，這種情形源自八〇

年代生活方式的改變，快速瀏覽這個變動，將有助於重新了解造成現代英國人——其他已開發國家的情況也差不多——如此忙碌的壓力來源。

二十世紀的英國曾設立許多組織，如商業工會和專業協會等等，基本上主導了當時的生活步調；商業工會保護人們，不會為了微薄的薪水而超時工作，專業團體則規範醫生、律師及其他專業人員合理的工作方式。

但到了一九八〇年代，英國的工業在全球經濟中已遠遠落後，令柴契爾政府不得不出面解決問題。他們的解決辦法是消除或削減諸如商業工會這類組織的權力，促使市場運作更加自由、活絡，並加速英國經濟的現代化。於是，市場需求開始掌控生活的各個層面。這些舉措不只影響了工人階級，也影響了專業階級；政府不但沒有保護人民，反而鼓勵競爭，以確保市場力量能決定國民生活中的一切。

舉例來說，供應水、瓦斯和電力的國家機構被轉賣給私人公司，而這些公司為了符合客戶新的需求，就把腦筋動到成本上。就連國家的醫療保健服務，也尋思開創「內部市場」。

我們全都成了顧客！

這樣的市場經濟，無可避免地將生活導入消費主義，而他們的口號是：「由顧客決定！」

在消費主義世界裡，人們可以期待出品質不斷改善、種類不斷增加的商品中，買到任何他們想要東西。在傳統市場裡，攤販們出售的商品和經營方式千篇一律，地點和營業時間也一樣；但在現代市場中，每樣東西都不斷地變大、變好，只要你想要，可以在任何地方、任何時間取得它們。今天，你可以不限時間地點，買到任何款式的最新商品。

理論上，顧客可以說：「我該有的都有了。」然後停止消費；事實是，市場卻更努力不懈，以確保顧客永遠不會說出這句話。

如今，英國社會把每個人都當成了「顧客」。鐵路局宣稱「乘客」不再是「乘客」(passengers)，而是「顧客」(customers)，便清楚說明了這點。即使是學校和醫院(不只是私立的)，也將學生和病人視為顧客。今天，我們全都成了顧客。

這種「顧客取向」來自幾個潛藏的假設：第一，無限量的貨品來自無限量的生產線。第二，顧客必須參與無休止的生產以賺取金錢、作為持續消費的財源。曾經擁有休閒時光的專業階級，如今覺得壓力倍增；曾經在工廠有固定工作的工人，如今「得騎著自行車出去找工作」。我們現在都成了消費的奴隸，包括我們自己的消費行為，以及提供薪資給我們的顧客。這就是我們選擇共謀的背景，最後雙方也都變得忙碌無比。

簡單地說，「消費式的生活方式」迫使人們更辛苦地工作，以滿足消費欲望：換更大的車子或度一個更美好的假期，驅使人們過度工作。困在這個循環裡，人們不知道該放棄哪些欲望，好讓自己有安頓心靈的空間。

了解這些之後，你就可以自我們的社會文化中退後遠觀，並探究一番：你是自由人，可以選擇自己應該多忙碌、也可以自由地選擇抵抗忙碌。這是你在尋找聖殿之前應該有的心理準備。

遠離這一切？

大部分的現代旅遊業，皆懷有我剛才所描述的設想：旅遊手冊上滿是「從辛苦工作中暫時休息一下」的保證——「想要遠離這一切嗎？帶著家人到迪士尼樂園吧！」旅遊為我們狂亂的忙碌生活帶來短暫的休憩，但這其實是另一個被用來當作解藥的消費行為：套裝行程。為了消費，我們得辛苦地工作，現在還需要額外的消費品來為原來的辛勞療傷止痛。

「遠離一切」的「一切」，是一個活動不斷的世界，除了離開工作一、二週，度個假，那裡沒有別的救贖。即使在八〇年代之前、六〇和七〇年代的嬉皮運動，將遠離一切視為對付忙碌的不二法門，吸引我們「脫離」社會——如果脫離是唯一的解決之道，也就表示要改變社會是沒有可能的。人們認定生活過於忙碌，是因為他們覺得必須運轉得夠快，才能在這個貪婪又激進的社會裡生存下來。

一如旅遊業，其他行業也在消費「忙碌」這個觀念：健康礦泉浴場自稱「心靈休憩之所」，並為人們提供「天堂」般的享受；廣播電台自稱能「舒緩」身心，提供放

鬆及「消除一切壓力」的「另類療法」。這些助人放鬆的產品都很可貴，但它們也都治標不治本。

除了這些應付忙碌的方式，還有其他不同的看法。有些來此避靜的人告訴我：我不能忍受無事可做，我的嗜好讓我的手和心集中在某些事情上，而不是我心裡的煩擾；事實上，我真的喜歡忙碌。

有一個人還提到「反聖殿」，也就是往更忙碌的地方鑽，好讓心暫時抽離。養寵物、運動和嗜好，都是令人忙碌的日常事物；忙這些事，就能紓解消費性社會強加予我們的忙碌。然而，即使有這些特殊設計的產品，幫助我們忍受這個耗盡心神的社會，但它們也相對地創造出更多的精疲力竭。

鼓勵觀光客遠離一切的休憩產品和消遣，只能提供暫時的休憩，提供忙碌的消費／生產的世界一個庇蔭，但一切仍離不開這個世界本身；它們提供的僅是暫時的解決之道，因為它們並沒有解決真正的問題、只是真實事物的「即時」替代品罷了：即溶咖啡只是真正咖啡的劣質替代品，一如其他眾多的消費性產品。在聖本篤和隱修傳統看來，真實事物存在於非常不同的地方。

到底在忙什麼？

現在，也許你正在納悶：隱修的修士們，怎麼可能了解現代生活裡的種種壓力，以及人們到底有多忙碌？我的回答是，這個社會在近年來所增加的忙碌總和，已經達到空前的高峰，而人心受到忙碌的誘惑也不是頭一遭。曠野教父中的阿森留（Abbot Arsenius）曾經說過一個故事，剛好可以形容這種情況。

阿森留在四世紀末曾任羅馬元老院議員，同時也是羅馬皇帝狄奧多西（Emperor Theodosius）之子們的私人教師。他在二十四歲時悄悄離開羅馬，搭乘帆船到了埃及——簡直就是重大的中年危機。但他並不是和伴侶私奔到什麼天堂般的隱匿處，他前往埃及為的是加入一群修士，最後並因為守禁語和苦行成為著名的隱士。在他說過的許多故事中，下列這則和我們的主題很有關係。

有一天，阿森留在自己的小屋裡，聽到有個聲音呼喚他：「來，讓我帶你去看看人們是怎麼工作的。」他跟隨這個聲音來到一個地方，那兒有一名衣索比亞人正在砍

柴，劈好的柴薪已經堆得很高；他努力想把柴扛起，卻徒勞無功。衣索比亞人沒有先帶走一些，反而繼續砍柴，並把柴薪往上堆。再一次，他想把柴扛走，但再度失敗了。他重複這樣的過程好幾次。

這個聲音繼續帶領阿森留往更遠的地方走。那兒有個人正把湖水放進一個破容器裡，水自然全都流回了湖裡。更遠處，他見到兩個人各騎一匹馬，中間橫放著一根樑木。他們打算由大門進入寺院，但橫放的樑木卻太長了。兩人都無意讓對方先進去，讓樑木可以縱向扛入寺院中。

在故事的尾聲，那個聲音說道：「每個人都該隨時注意自己的行止，以免徒勞。」

這個簡短的曠野故事，出自當時一位了不起的導師之口，至今仍教我們警惕。我們累積了帶不走的大量物質財富，即便帶得走，卻又驕傲地不願與人分享。馬背上的男人自拒於寺院之外：傲慢讓他們無法進入可以休息的聖殿。曠野教父和教母們比我們更清楚，忙碌的生產和消費，在面對生活中更深沉的真實時，只是一種虛幻的替代品。

承接這個曠野傳統的聖本篤了解，身為院長，他很有可能花太多時間在錯的事情上：「首先，他不該輕忽或看輕，那些上主托給他的靈魂的福利，而過度關心那暫時的、地上的、易朽的事物。」（《聖本篤會規》2：33）「首先」指的是，聖本篤很清楚，主事者特別容易面臨這些誘惑；也就是說，一位院長最大的誘惑就是變得忙碌，而非致力於審視自己和其他修士的靈魂等艱鉅的任務。

修士和俗世之人都面對忙碌的誘惑，而修士的優勢在於擁有察覺這種威脅的能力，以及一套應付它的傳統。

從哪裡開始？

治療忙碌的真正解藥，一定得在消費性世界以外的地方才能找到，而聖本篤為我們描繪出了那個地方。他了解門外的野蠻人世界，所以他必須在那個世界之外另闢天地。過去這幾年，我的修士弟兄們和我開始稱那個天地為「聖殿」。

聖本篤並沒有用這個詞稱呼它，但這個詞卻能鼓勵現代人，達到許多聖本篤最渴

望達到的境界。發現聖殿的修鍊，將把我們從忙碌的困境中拯救出來、前往能帶來平和的心靈世界。追尋聖殿的聲音，在眾多當代困境中已越發強烈，而在追尋的過程中，也暗藏了這些困境的解決之道。

在追尋聖殿的人們眼中，這個字的本質其實已經為他們指出了方向。「聖殿」有二層意義：第一個意義來自拉丁字源的 *"sanctus"*，表示「神聖的」，因此它的第一層含義是「**一處神聖的空間**」，並由此衍生出第二層含義：「**一個足堪庇護的場所**」，一個逃亡之人可以避難的地方。簡單來說，套裝假期和放鬆的辦法都具備「聖殿」的第二層含義，卻不可能提供最重要的一點：神聖。我之所以一直強調消費性的庇護所不穩固，就是因為它並非奠基在神聖之上。

神聖是消費性社會無法生產的，因為神聖根本無法製造。當我們認識了神聖，才可能找到神聖；它不會像某些為了配合我們需要、讓人暫時喘口氣的商品那樣垂手可得。一如某位在渥斯隱修院避靜的女士所言：「我開始明白『聖殿』並不是只是短暫的休息、在一個連續不斷的狀態中暫停一會兒，而是在其他人非常特別的伴陪下，有一個凝神傾聽的機會。」

關於尋找聖殿，聖本篤在會規的序言中寫下了簡單的要義：「讓我們與先知一起問上主說，『上主，誰能在祢的帳幕裡居住？上主，誰能在祢的聖山上安處？』弟兄們，在請教過上主以後，讓我們諦聽祂的回答，讓祂指示我們到達祂聖殿的途徑吧！主說：『只有那行為正直，作事公平，從自己心裡說誠實話的人。』」（《聖本篤會規》序言23-6）

進入神聖的聖殿最基本的要求，就是你平常的待人接物；你不能前一刻惡行待人、下一刻就想找到自己的聖殿。尋找這個神聖之處，要從認識你日常生活中的神聖做起。

任何真心想尋找聖殿的人，都需要細心地實踐這些老生常談。這不是不置可否地說聲「當然！」或「我對平和與安靜很感興趣，但對道德則否。」聖本篤為人們帶來的平和，具體化就是聖本篤會的訓言：一個以棘冠環繞的拉丁字「PAX」（平和）。沒有奉獻就沒有平和，沒有公正也不會有平和。這樣簡單的領悟最常見於國與國和種族與種族之間，但它也需要每個人落實在日常生活和人際關係裡。

在《修院生活》節日中，其中一位參與者東尼．柏克，在四十天避靜期的第三十

八天面臨了重大危機。他對到渥斯隱修院避靜一事非常認真。他當時的工作是為情色節目製作宣傳帶，想到要重回到那樣的工作環境便深感困擾。最後一夜，他有了進一步的聖神體驗，領悟到自己的生活必須改變。這次體驗的影響之一，便是他放棄了工作。他現在在一間普通的廣告公司上班，而且每天都會撥出時間冥想。

如果我們想在生活中找到一處神聖的空間，就必須「言行無瑕」；當然，我們不可能隨時做到這點，但做不到卻遠勝於從不去做。

德行是進入聖殿的大門

希望在這一節之前，我已經為忙碌的原因、以及現代一些治標不治本的辦法提出了一種新論點。最後，我想以一個前往聖殿的方式、一扇進入神聖之地的門，作為本章的結束。

我提醒過你，日常行為是找到聖殿的關鍵之一。會規一開始，聖本篤便訓誡修士們，精神尋求中最重要的，就是人類生活中的尋常正直。以下簡短的摘文，正好巧妙地歸納出如何追求真實精神生活中最重要的事，即人類的美好天性：「勿陷於憤怒。勿讓怨恨在心中滋長。勿懷欺詐之心。勿假裝與人和好。勿違背仁愛。勿發誓，免得發虛誓。說話出於內心的真誠。」（《聖本篤會規》4：22-8）

在進入聖殿之前，我們必須找到大門，而那道大門就是「品德」。想幫自己找到這道人生之門，我建議你記住會規的摘要，並以此檢驗你的良知——不妨加入「我」或「我的」作為主詞，像這樣：

「我絕不陷於憤怒，或讓怨恨在心中滋長。我絕不懷欺詐之心，不假裝與人和好。我絕不違背仁愛。我絕不發誓，免得發虛誓。我說話出於內心的真誠。」

如果這個個人化版本不易記誦，你可以把它寫下來放在顯眼處，晨昏提醒。回想並稱讚自己做到這些訓示的時刻，失敗的時候也要勇於承認。慢慢地，日復一日，讓這些字句由你的頭腦進入你的心靈，直到它們永永遠遠地改變了你的生活，以及生活中的各種人際關係。走進聖殿的大門，就是走進你心靈的門。

很有趣的，這種關於品德的建議，也成為商業實務中的訓誡：欺瞞與謊言摧毀了世界上一些最大的公司，像是安隆[1]、WorldCom[2]和安德遜[3]。簡言之，在現代的專業領域中，品德是必要的，而傳統美德也成為現代主管的必修課程。這些現象不僅象徵了道德的復甦，也是社會架構之所必須。消費／生產者社會的領導者，深知社會能如何腐蝕人心；他們也終於認清，德行能使一個人保護並呵護其生命中最美好的部分。

品德促使人們懷抱著信念工作，並替他人設想；它能保護我們不會捲入湍流般的惡行，掉進追逐腐敗幻夢的忙碌漩渦裡。

當然，有些商業領袖視品德為增加消費者信心的工具。他們將品德加入消費性社會裡，讓它成為另一種可生產／消費的產品。但我想建議的與此不同。如果我們單純地把品德視為生活的正確方式，不論代價為何，品德本身都是神聖的。品德是進入聖殿的大門，因為它不是消費性商品，不只是焦慮的庇護所、提供忙碌生活的暫時休息，當然更不是我們能夠購買來紓解現代生活併發症的商品。

品德是在日常生活中辨識出神聖。當我們在個人生活和工作中開啟品德之門時，我們也將為自己和他人打開一條通往寧靜聖殿的路。我們可以在家庭及工作中過著和諧的生活，而那將是一個透明、無須隱藏的生活。

單憑品德還不足以打造一座聖殿，但它卻是進入聖殿所必備的。聖本篤很清楚品德之門會令人猶豫，遲遲不願開啟並進入。「千萬不可氣餒而離開救恩的道路，因為此路的入口處，必然是狹窄的。」（《聖本篤會規》序言48）。

沒錯，德行是一道窄門，但在這道門之後就是無限寬廣的空間——一個真實聖殿的無限天地。當你用假期或是其他療法購得的聖殿時光結束時，你會發現，可以源源不絕的消費也不過是個神話罷了。當我們透過品德進入聖殿、而非倚靠消費時，就可以選擇將消費拒於門外。進入這道門，我們可以專注地在這個開闊的空間裡，建立一處超越消費、嶄新而聖潔的殿堂；而品德是進入無限寬廣的聖殿的唯一大門。

1. Enron，美國最大的能源交易商，帳目造假，事跡敗露後破產，影響極大。
2. 美國知名全球性電信及網路服務公司，涉及九十億美元的會計醜聞。
3. Andersen，涉及為安隆公司銷毀財務報表和備忘錄。

走進心靈安頓之所

確定了大門，你現在需要做的就是走進聖殿。這個心靈與智慧的聖殿並不適用於物理定律，因為它無限大，所以你不會一下子就找到。直到某一刻，你推門而入，戰戰兢兢地踏進第一步；你站在裡面，發現自己必須親手把地面鋪好。

在尋找聖殿的過程中，天主會給你一張藍圖，教導你如何建構。沒有人能幫你，因為每座聖殿都是神聖計畫的一部分，而且每一座都不一樣，專屬於居住其中的人。它是獨一無二的，因為聖殿的居住者同時也是建造者。

我想請你走過這道門，踏進裡面。你站在其上的地面，就是建構整座聖殿的基礎，它包含了許多現代人渴望的一件事：靜默（Silence）。

第二部

安頓心靈的七個步驟

第一步

靜默：每天安靜5分鐘

為了在生活中經常保持靜默的精神，
有些時候甚至好話也要控制。

——《聖本篤會規》6：〈靜默的精神〉

腦袋停不下來

踏進聖殿之後，我們得先創造一條「靜默」的地毯——這對大部分的現代人來說肯定不簡單。所以，讓我們先想一想日常忙碌生活裡的沉默場所。

你是否注意過，沉默令人尷尬：看看宴會裡話不投機的人群，或是一群困在電梯裡的陌生人就知道了。這種尷尬的沉默令人心神不寧。換個角度來說，靜默也能安撫人心：想想安靜沉睡的孩童、寧靜平和的群山，或是教堂散發出來的寧靜氣氛。

跟靜默一樣，聲音也可分成好與壞。對於那些令人厭惡的聲音，我們有個特別的字形容它——噪音。持續不斷的噪音造成壓力，令人難以入眠；當它加劇時則成了折磨，於是人們開始積極尋找能讓自己心安的聲音。娛樂場所用來取悅客人的嘈雜搖滾樂是最常見的一種；對我們某些人而言這可能是噪音，但聽在某些人耳裡卻可能是「最合適的」聲音。

即使是在比較安靜的場合，例如在超級市場或電梯裡播放的音樂，也只是用來阻隔噪音的背景聲音。比較有建設性的聲音是在教室裡播放古典音樂，不僅有助於緩和氣氛，也能幫助學生集中注意力。

基本上，噪音會干擾我們，但適時適地的聲音則能幫助我們。現代人的挑戰，就是如何在人口聚集的大城市裡找到純粹的沉靜；不過最巨大的挑戰或許是幫助他人找到心中純粹的沉靜。尋求聖殿時，人們發現最大的阻礙其實就是自己的心。這些阻礙種類各異，程度也不同，但多數人最先遇到的就是「腦中的噪音」。這並非精神錯亂或精神病患者的「幻聽」，而是同一時間內、許多想法在腦中飛馳碰撞的現象。

許多第一次來渥斯避靜的人，都要經過一段靜默期。從某個角度來看，這是他們內心渴望的，也是他們來此的原因；可是他們又會吃驚地發現，自己雖然暫時離開了日常例行的生活步調、遠離電視，找到一個安靜之所，心裡卻還為了「不知道晚餐要吃什麼」、「我得和牙醫預約」、「我得寫封信給我表親」等雜事而困擾。他們覺得既羞愧又尷尬——所謂的忙碌就存在於的腦海中，根本逃不開。

要清除腦中這些雜念、語句和影像幾乎是不可能的；不過這些令人沮喪的內在雜音，可以轉化成較柔和的內在聲音。

我們為什麼寧可靜默？

想要對抗「腦袋裡的噪音」，應該先看看我們是如何避免沉默，以及我們如何能在生活中規劃出靜默的時刻。

《修院生活》裡的五位男士認為，緘口不語是隱修院生活中最難適應的事，而且就某些程度來說，還是他們從來沒想過必須面對的事。在隱修生活中，緘口不語有其基本背景：現代人有所謂的「背景音樂」，對修士們來說則有「背景靜默」。

在某些隱修院裡（例如「嚴規熙篤隱修會」支派[1]），規定只有在工作時為了溝通或接待訪客時，才能打破靜默。在聖本篤隱修院中，我們則有特定的休閒和交談時間，其他時候大多都花在神職生活上，例如教育、舉行避靜和教區活動。所有的隱修院都在用餐時間實行「背景靜默」，也就是由一位修士大聲朗讀聖書作為背景，眾人則安靜地用餐；從晚間九點到翌晨八點是「全面緘口」，因此夜間的靜默是絕對的靜默。在天主教修院生活中，不僅有一般的「背景靜默」，還有晨昏兩次各半小時、舉行冥想[2]的靜默時間。

這種層次的肉體靜默，對於促進內在靜默很有幫助；聖本篤深知這個道理，而且這也激發他創造一個外在靜默環境的欲望。

不過靜默的作用並非到此為止：它會停留在修士的內裡繼續成長，並滋養他的內在生命。以花園來比喻，或許能幫助你了解這個道理：如果你不習慣靜默，當你走進去時，你最先看到的會是雜草——也就是你內在的紛擾。即使你將它們拔除、丟到遠方，它們仍會快速地成長，結果你會認為自己根本是多此一舉。可是不拔除雜草，花就不能生長。在此，花可以比喻為天主之語，只要你在心裡開闢出一塊地方接納它，它就能幫助你成長。問題是，雜草生長的速度總是勝過花朵。於是我們放棄了。

再回頭談談《修院生活》裡的五位男士。他們發現要做到靜默緘口，需要費很大的力氣；他們本能地想以其他事物填補寂靜：對話或聽音樂，是最常見的方式。

但不論如何，十天後他們都獲得了另一番體悟：他們開始發現，靜默能帶來他們

1. Trappist，源於法國諾曼地La Trappe區，是歐洲天主教熙篤隱修會（Cistercian Order）的一個教派，其特色是修士們為開山種地、緘口苦修發下誓願，終身過著禁慾的生活。
2. 天主教的冥想（meditation），也稱為沉思、省思等，泛指探測人、事、物及自我的真相。冥想亦即心禱（mental prayer），以別於口禱（vocal prayer）。

想要的改變，於是事情有了一百八十度的轉變，五位男士心甘情願地交出自己的手機和隨身聽。

在他們來到隱修院時，我並沒有刻意「沒收」這些東西，因為我希望他們是心靈自由的成年人，能夠學習做新的選擇；我希望他們學到新的看法，並學習運用靜默。東尼認為，交出的物品應該包括小說：閱讀小說也會妨礙純粹的靜默，因為它會在我們心中造成情緒波動。於是除了手機和隨身聽，他也把小說交了出來。不過，我們有些非常虔誠的修士也熱愛讀小說，能同時在冥想和虛構之間找到平衡點。在學習靜默時，並不表示就不能有消遣活動——雖然這種放鬆的確可能造成干擾。

像呼吸一樣自然的靜默生活

在《修院生活》節目中，渥斯不是唯一一座敞開大門、讓攝影機拍攝的隱修院。位在帕克明斯特（Parkminster，位於西薩塞克郡）的查爾特隱修院[3]的修士們，慷慨應允渥斯的五位男士前去拜訪他們，隨行的還有一組電視攝影隊。

我在有關靜默這一章特別要提到嘉都西會[4]，是因為他們是所有宗教團裡最恪遵靜默生活的一群人。讓我們先來介紹一下他們的背景。

一〇八四年，聖布魯諾帶領六個人進入統稱為「查爾特」（La Chartreuse）的法國阿爾卑斯山區，意欲學習曠野教父們的生活方式，特別是隱修士的修行生活。他們並沒有沿襲為了社團修士所訂定的《聖本篤會規》；他們仿傚隱修士相互扶持的生活方式，以聖神（Holy Spirit）為指引。這樣的生活方式至今仍在發展中，同時以親身言行、而非文字的方式傳承。

「大查爾特修道院」（la Grande Chartreuse）的生活方式日漸傳播開來，而這些隱修院則聯結成一個設有會規及共同組織的宗教團。目前他們一共有二十五座隱修院、分布地點遍及全球三大洲，奉行聖布魯諾之道。這些修士們名為嘉都西會修士，居住在各地的查爾特隱修院內；每位修士都各自住在設有小花園的獨立小型隱修住所，由俗世的弟兄們供給食物，每天都在教堂集合並禱告三次。每位修士都像隱士般遵行靜

3. Charterhouse，嘉都西會的隱修院之一。

4. 聖布魯諾（St. Bruno）於一〇八四年在法國創立嘉都西會。規律嚴格，訓練會士克己苦身，獨居斗室，專心祈禱和工作。該會全名為 Order of Carthusians，縮寫為 O. Cart.。

默的生活，只有在禱告時才得開口，一週則有一次團體散步。這種生活的目的被形容為「……我們越熱切地追尋，就能越快找到，也越能讓天主更確切地留住在我們的靈魂深處，如此擁有主的幫助，我們必能達到全德之愛的境界。」

嘉都西會的生活方式不僅很不尋常，甚至比一般基督信仰中隱修制度的標準還嚴苛。它要求修士視隱修如日常作息、視靜默有如呼吸。

接觸「真實」的秘訣，便是將一個外在的戒律慢慢地內化，這種作法比任何盲亂的言語和見解來得更實在。嘉都西會的會規非常貼切地說明了這點：「靜默帶來的美好果實是經歷過的人都知道的。在嘉都西會早期的生活中，靜默曾是一種負擔；不過，如果我們虔信，我們的內心就會逐漸沉靜，並領引我們朝向更高境界的靜默。」

英國一度有十二座嘉都西會，但皆遭亨利八世摧毀。現在，不列顛和愛爾蘭唯一一座查爾特隱修院，就位於西薩塞克斯郡的考弗（Cowfold）。你或許想像不到，這座隱修院裡足足有二十位修士，而且還有見習修士。

嘉都西會從過去到現在的故事提醒我們，存在於隱居的靜默力量是極其真實的，更能令某些人一生心靈充盈。我相信它不但會讓某些人一生富足，也可以讓所有人的生活更加充實。

壓抑說話的衝動

聖本篤將有關靜默的那一章命名為“On Being Taciturn”，意謂「壓抑說話的衝動」。他以讚美詩篇開始：「我要謹遵我的道路，免得我以口舌犯罪。」唇舌是邪惡的來源，是這個暢所欲言的時代極少顧慮到的。我們認為「暢所欲言」是一件好事，聖本篤卻不這麼認為，他兩度引用舊約的〈箴言〉：「多言難免無過」（10:19）以及「死亡和生命，全在乎唇舌」（18:21），這二個引句都放在《聖本篤會規》（6:4-5）裡。粗俗話語和流言蜚語特別令人不悅，尤其是無謂的玩笑話。聖本篤禁止所有我們「為了引惹笑聲」而發的言談，這也是他較不討人喜歡的訓諭之一。

我們稍後再來談幽默感對於通往靈性生活的必要性。此刻，我們先假設聖本篤並不是否定幽默感，他想說的是：人們說了太多無用的話。針對這點，你應當從日常談話中剔除粗俗、蜚短流長，以及「為了引惹笑聲」的言談，並看看會有哪些影響——你會多出很多時間、聆聽別人和自己生活中重要的事物。聖本篤的終極教誨其實很簡單：「弟子的本分，便是靜默和聽從。」

一位佛教的比丘曾告訴我：「靜默會教導你一切事物。」這和曠野教父的一則故事很像：

> 某位兄弟前去拜訪梅瑟（Moses）院長，希望得賜智慧之語。這位老人告訴他：「回到你的小屋裡坐下，你的小屋將會教導你一切事物。」

能夠緘口靜坐、面對除了靜默以外別無其他的處境，著實令許多人感到害怕。埃及的安東尼院長如此解釋：「一個靜默獨坐的人，已經逃離了三樣戰爭：聽、說和看；然而他必須持續抵抗的，唯有自己的心。」

當人們獨居並保持靜默時，無可避免地要和自己心中的魔鬼對抗。沒錯，「和自己心中的惡魔對抗」源自曠野教父和教母們的傳統。他們把邪惡力量是如何引誘隱居的修士，或令他們放棄隱居，放棄靜默和祈禱說得很明白；人們經常太過輕易地嘲諷這些被擬人化為「魔鬼」的力量，但對於那些嚴格追求靜默和祈禱生活的人而言，不論是否擬人化，他們都明白這些力量是極其強大而真實的。這本書會持續討論，全心全意地追求靜默和祈禱時所浮現的可怕真相。

現代人認為，靜默能通往寧靜；隱修生活則視這種寧靜為短暫的慰藉，用以鼓勵新手；一旦下定決心追尋天主，惡魔開始出現、阻礙個人的提昇時，這種暫時的慰藉也會消失無蹤的。

現在談這點有點太快，我們得回到一些實際的問題上，看看如何使靜默在每個人的日常生活體驗中，扮演更重要的角色。

讓孩子也體驗靜默的美好

從繁忙的日常生活中挪出時間，找一個可以靜默的地方，對大多數人而言是個問題。從這點來看，找出聖殿成了非常實際的事。身為一名修士，我的生活離不開這個受祝福的時間和靜默的場所，但我也曾和俗世的人們一起工作，擔任教職和避靜的帶

領者；所以我現在的提議，是出自多年來和找尋聖殿的世俗之人做過的討論。

我先從忙碌人群中、處境較難的人們開始：已有兒女的年輕夫妻，他們必須以無二的決心，開始進行尋找時間和地點這項艱難的任務。如果孩子們還在嬰兒期，兩人就必須撥出許多時間照顧嬰兒，干擾也無可避免。不過，只要孩子過了嬰兒期，我會提出和今日文化不同的建議：訓練孩子和你一起實行靜默。

美國小兒科醫師班傑明．史波克（Dr. Benjamin Spock）在其著名的《育兒寶典》（*Common Sense book of Baby and Child Care*）中所倡導的、不受約束的自我表現，可能已被家庭生活給濫用了。英國的兒童心理學教授約翰．皮爾斯（John Pearce）曾明言，近幾年來，照顧兒童的方式已經悖離正道了。

「我必須警告讓兒童盡情表現自我這件事，」他說，「兒童必須發展出自我控制的人格，否則就會過度活躍。為人父母者害怕為兒童設定界線，這是一件很糟糕的事。」

就這點而言，拉丁國家那些較少受到史波克影響、仍對孩子充滿愛心的家庭，便令人印象深刻。在成長的過程中，這些孩子們學習與父母親一同默禱，同樣的情形也可以在佛教國家中見到：他們的幼童與比丘一起練習打坐並學習冥想。英國唯一的一間佛教學校是位在西薩塞克斯郡的小學，五歲以上的孩子們以靜思開始每一天的生活。在基督教信仰的歷史中，桂格教派（Quaker）學校每日聚會的固定活動，也是舉行靜默。

我們的社會說，要確定孩子們有足夠的運動量，於是我們在他們年紀很小的時候，就開始費盡心思地幫助他們從事各項運動；我們也可以用同樣的勇氣和決心，為孩子的精神健康付出相同的心力，教導他們如何珍惜讓身體靜止不動，以及靜默。

從靜默學會怎麼生活

當然，父母本身得先能欣賞靜默。我們就先來看看成年人實行靜默的可能性。

享受靜默的最佳時段有兩個：清晨和夜間。你可以將靜默排入清晨和晚間的生活節奏裡，比較輕鬆進行的方式是，你可以在你的生活空間裡，創造出一處真實的聖殿；這一點也不麻煩。你可以簡單地以一根蠟燭、一幅畫，或你最愛的句子裝飾靜默的地點；你也可以在室內某個角落放一個坐墊，或挪出可以全家人一起參與的空間。

這種移動身體、前往一個定點的紀律，對於尋找聖殿非常有用，你就好像來到一個美麗的事物面前，無論它是天然的或人工的。相較之下，單身或沒有孩子的夫妻，更能輕易地將「動身到這些地點」納入每日的生活規律裡。只要好好服從你為自己的生活節奏所做的選擇就好。

至於有孩子的家長，夜間讓孩子跪在床邊晚禱的虔誠習俗，便已將上述各點結合在一起了。這樣的孩子將學會珍視禱告，而神聖的地點就是他們跪地的床畔。這會是一個可移動的聖殿——不論你身在何處，都能進入自己的聖殿。如果你做不到，那麼和孩子在家中的聖殿共享片刻時光，也一樣美好。

倘若你真的沒辦法在家裡實行這個需要特別安排的儀式，不妨考慮在工作地點的午休時間。許多市區中心的教堂，中午都開放給民眾入內祈禱，許多企業也設有冥想室，甚至在公司內部設有瑜珈教室，讓員工可以在午休時間免費使用。

除此之外，還有不斷成長的寧靜花園運動（Quiet Garden Movement）。這是一位英國國教牧師於一九九二年所提倡的，目的在設立一些對外開放的免費花園；這些花園皆位在一處寧靜的地點，以其美觀及有益健康的沉靜特性，吸引人們來此享受靜默的樂趣。

現在，世界各地都有這樣的寧靜花園，從西薩塞克斯郡、渥斯隱修院附有池塘的大型花園，到耶路撒冷擁擠市區、僅種了少量花朵的小型公園。這個活動凸顯了靜默本身的特質，以及全球人們對它越來越強烈的渴求：希望它重新回歸成為我們生活的一部分。

幫助你在生活中確切實行靜默的最好辦法，也許是以一天或數天的時間避靜、體驗可能的深度靜默；這麼做可以促使人們下定決心、想在回到家後就開始調整自己的生活方式。

現代人需要很強的誘因，才能打破無法放手的忙碌狀態。體驗避靜則可以產生脫離束縛所需的動力。在一個不提供你消費主義（「選擇入住我們的旅館，體驗平和與寧靜的生活」）、或把你的努力視作瘋狂（「要小孩子做到靜默是違反自然的」）的社會環境下，想做到靜默是很困難的。但是，不管在早上、中午或是晚上，將靜默融入你的生活裡，卻是尋找聖殿的必要步驟。

靜默：是必要還是任性？

或許你已經開始覺得，這比較像是放任自我的一節論述；倘若隱修和靜默不能幫助他人，說穿了也不過是一種自私自利的行為。我可以理解你會這麼想，自然也應該回應你的疑問。你需要的答案，一樣要從曠野教父的某則故事開始說起——或許你已經發現，幾乎早在一千五百年前，他們就思考過靈性生活的各個層面了！

有三個好人，他們是朋友，而且都成了修士，其中一個努力成為「使人和睦的人」[5]，致力於使敵對雙方和好；第二個選擇照顧病人。但第三個人卻選擇了隱居。第一個朋友總在處理人與人之間的紛爭，在發現自己無法調解所有的爭執後，也漸漸被疲憊給擊倒了。他前去找那位照顧病人的朋友，卻發現他也勞累不堪，而且沮喪到無法再繼續工作。於是兩人決定去拜訪隱居在沙漠中的朋友，並傾訴自己的困擾。當他們問到他的近況，第三位朋友沉默了一會兒，然後倒了些水在碗裡。「看看這碗水，」他說。兩人發現那碗水非常混濁。過了一會兒，他又說，「再看看，水變得多麼清澈。」他們再看，碗裡的水有如鏡子般照映出兩人的臉。第三位修士跟兩個朋友說：「當一個人困在生活的混亂中時，很難看到自己的過錯。但是當他的心沉靜下來，特別是獨處時，就能看到萬物的真實狀態。」

這並不是說，服侍他人和辛勤工作是不好的；這純粹是平衡與否的問題。在隱修生活中，靜默隱居被視為人生必經的歷程，而非附加條件。了解自我和自我成長，都需要在獨處時才能洞見癥結，即使是你我最親近的友誼也無法代為完成；我們都必須親自身體力行，致力靜默的內省與祈禱。

每天5分鐘就好

現在，你很有可能自問：應該花多少時間靜默，才「算」是將靜默融入生活當中？當人們問我這個問題時，我的感覺一如聖本篤被要求規範修士們食物和飲料時

5. 出自〈瑪竇福音〉5：9。

所說的：「因此，當我們在規定飲料份量時，不免躊躇。」（《聖本篤會規》40:2）聖本篤雖然感到不安，還是得決定食物和飲料的份量。所以我也以同樣不安的心情，對靜默所需的時間提出一些看法。

許多宗教團體會建議，每天早上做半小時的冥想，然後，有可能的話，在夜間再做一次。我認為這是個很好的目標，但一開始不容易做到。我建議第一階段，先在清晨和晚間各進行五分鐘；晚間那一段很重要，即使時間很短，卻延續了白天的節奏，並用靜默穩固了一天。

你可能覺得五分鐘很短，但如果你真的願意利用這五分鐘的靜默，確實達成內在的沉靜，不妨再花五分鐘領引自己進到寧靜之所、得到撫慰，並清澈你的心靈。換句話說，五分鐘真正的靜默，其實需要十分鐘的時間完成。當你能輕鬆適應五分鐘的靜默時，就可以把時間延長。

在這些五分鐘的訓練裡，你需要一些集中注意力的方法；因此，最後一個問題會是：在靜默的過程中，我該做什麼？這又立刻把我們帶回本章的開頭：我該如何應付腦子裡噪音？我該如何才能做到內在與外在的沉靜？

對聖本篤來說，腦中的噪音實際上就是心中的雜念，它們源於人類的自然狀態——缺乏清澈的心靈。聖本篤認為，追求心靈純淨是為了領引他的修士，而他也知道，保持心靈明澈不是件容易的事。靜默是純淨心靈的必要工作，但光做到靜默還不夠。

所以，我們的第一步是在聖殿裡鋪下一片靜默的地毯，但這只是襯底，而非真的地毯——我們腦中的噪音依然很強大，需要在聖殿的地面上多放一些可以減輕噪音的物品，這點比急於靜默還重要。更進一步的鋪墊就是冥想。接下來，我們將探討聖本篤對於祈禱的觀點，並藉此鋪上一層默觀[6]的地毯。

6. contemplation，亦稱為靜觀、默禱、沉思等，在天主教中，意謂靠直覺面對天主默想祈禱。

第二步

默觀：真心誠意地祈禱

我們要知道，天主俯聽我們，不在多言，而是因為我們的純潔心靈和痛悔的眼淚。

——《聖本篤會規》20：〈論祈禱時的虔誠〉

祈禱是親暱的對話

我從來不覺得祈禱是件容易的事，唯一能讓它容易一點的辦法，就是接受這個事實。困難不在於祈禱的方法，而是祈禱時對天主基本而真誠的態度。出於單純的信念，我將自己及團體交到天主手中，完全沒有掙扎，也不過分擔心無可迴避的分心；然後我發現，自己可以更輕鬆地把時間花在祈禱上。

時間並非祈禱美好與否的標準，但沒有時間就沒有祈禱。你可能會說為人父母者，也可以在照料孩子或遛狗時祈禱；沒錯，但如果那是唯一的祈禱時間，我不禁要想，那也只是為了祈禱而祈禱，而非個人省思的時間。我們應該多想想，怎樣的祈禱才是祈禱，或什麼樣的祈禱不算是祈禱；也得思考有哪些方法可以幫助我們做祈禱。

在二十世紀期間，西方人開始接觸來自亞洲的宗教，例如印度教或佛教；而且越來越多人認為，東方宗教比基督的教義更具靈性。舉例來說，西方社會常見的「古魯」（guru）一字，原指印度教的精神導師，但在西方，現在卻成了「專家」的代名詞。例如不久前報上的報導：「倫敦運輸部聘請了一位美國的運輸古魯……」。

「真言[1]」這個字也一樣。在亞洲，真言指的是默想時重複誦唸的語句，但進入現在的英文，則被某些學生用在這樣的口號裡，成了含有貶抑味道的詞語：「我們要更好的服務，而不是要有效改善的真言。」我想披頭四和他們那位馬哈西導師（Maharishi Mahesh Yogi）之間的來往，和這些名詞的引進多少也有點關聯。

所以在這一章，我希望先探索基督信仰中靈性的深度，並重新審視一些宗教用語。我要從兩個常見的基督信仰用語開始：「祈禱」和「默想」。

基督徒祈禱時，僅稱天主為「祢」（you）。「噢，主啊，感謝……」（We give you thanks, oh Lord...）是基督徒最常見的祈禱詞。在「天主經」（主禱文）中，我們是如此祈禱的：「我們的天父，願祢的名受顯揚，願祢的國來臨，願祢的旨意奉行在人間，如同在天上。」（Hallowed be thy name, thy kingdom come, thy will be done.）祈禱文中的「祢」是用古體字thy，雖然令人有些困惑，卻保留住一個重要的觀點：這個古體字，代表一種親暱的稱呼。換句話說，在祈禱文裡，天主是跟我們是很親近的，像是父執輩或友朋；祈禱是將天主視為一個熟悉的朋友——是「祢」，而非「祂」。

1. Mantra，印度教或大乘佛教的祈禱文，亦音譯為「曼陀羅」。

除了這個基本的理解，「祈禱」這個字還有兩層涵義：一般的和特殊的涵意。一般涵義包括了人們把心和精神向天主敞開的所有動作，並將天主稱為「祢」。苦惱的父母親向天主的呼喊，或沉默地坐在教堂、或在胸口畫十字架的動作——這些都是祈禱。雖然祈禱通常（但非必然）是有形的表達方式，但在這個一般涵義上，指的則是內在的目的，也就是和天主溝通、稱天主為「祢」。即使只是靜靜地聆聽，也暗示了祈禱者請求這位神聖的「祢」和自己說話。這個層面的祈禱形式很多，包括了不同程度的苦惱呼喊、全然的靜默，以及各種宗教儀式。

在這個一般涵義裡，還包含了一個特殊的涵義。以文法來說，通常是在「祈禱」這個字之前加上冠詞「一個」（a）。這表示這個祈禱，是祈禱者呈給天主的特定字句，一個祈禱有時會有一個傳統形式，例如上述「天主經」所引用的句子；但有時候，它也可能是自創的：仍是一連串的字句、經由大聲誦讀或沉默的方式，傳達給天主。

將這兩個涵義合併在一起，我們就發現祈禱可以包含沉默、痛苦、儀式，以及朗誦祈禱文。這引申出一個重要的結論：並非所有的祈禱都需要朗誦祈禱文。

以基督信仰為中心的隱修傳統中，修士們同時實行這兩種祈禱方式：他們朗讀祈禱文，也進行默禱。修士們所朗讀的祈禱文摘自《聖經》，特別是〈聖詠〉（詩篇）裡的字句；而默想時的默禱，則是朗讀祈禱文的另一種表達形式。我們可以說，隱修生活發揚了祈禱和祈禱文；然而，這兩者都只是為了達到隱修生活崇高目標的方法，而非主體。想徹底了解它們，我們應該先了解那個更宏偉的目標。

對於聖本篤修士來說，隱修生活中的崇高目標就是不斷地祈禱：不論晝夜、時刻牢記天主。就像對待所愛之人那樣，我們總是惦記著他們，並主動找時間關心他們。

另一個對隱修生活崇高目標的說法，就是追求心靈的純淨。心靈純淨能讓我們在所有事物中發現天主，並因此察覺這個「祢」時時存在。一如耶肋米亞[2]所說：「上主，你常在我們之中，我們是歸你名下的人。」（耶肋米亞 14:9）隱修生活的目的在於不斷地提醒自己，天主就在我們心中，並建立一個有意識的道德循環，然後幫助我們不斷地祈禱：為了擁有一個純潔的心靈，為了時時刻刻見到天主，也為了能持續不斷地祈禱。

2. Jeremiah，舊約《聖經》中的四大先知之一，即基督教的耶利米。

如果你能做到這些，不論你身在何處或心有何求，都等於找到了自己的聖殿，而你的心就能在噪音之中向天主敞開，並在複雜的思緒中和天主溝通，一如一個愛我們的人總是不時地眷顧我們。隱修院中的「背景靜默」、一天祈禱六次，以及整個隱修院組織，全都以此為目的。

有鑑於大多數人都不可能聚在一起、規律地誦唸祈禱文，所以讓我們來看看祈禱的隱修傳統還能提供什麼——特別是在你實行靜默的時段裡，能帶給你哪些幫助，並成為你尋找聖殿的踏腳石。

真心誠意勝過千言萬語

《聖本篤會規》中並沒有提到默想的技巧，現代人恐怕也不大容易找到這種技巧。這可能令人難以置信，但我希望這反而讓你鬆了一口氣，而非失望。為了默想而專注在靈修技巧、或任何事的技巧上，可以把生活（精神生活）的「方式」簡化為一個系統；但聖本篤沒有這種系統，他也提出默想不需要技巧的原因——這也是為何我們應該要鬆一口氣。在本篤會的慣例裡，沒有人會推銷技巧給你：聖本篤要告訴你的，永遠只是一種生活方式，而其關鍵則為祈禱和默想。

隱修傳統提供兩種方法幫助我們達成靜默：重複的語句以及閱讀聖書。我們先說重複的語句。聖本篤對這點著墨不多，但在他那個年代卻是修士間最常見的方法。曠野教父們極力推崇這點，因為這是他們可移動的內在聖殿：靜默及靜止有助於摒除心中的雜念，並在工作時幫助他們將手上的勞動轉化為祈禱。早期的修士最喜愛的字句是「天主，求祢快來拯救我！上主，求祢速來扶助我！」這個句子取自〈聖詠集〉（詩篇），也是當時聖本篤在團體祈禱儀式中、指定所有修士必須先朗讀的句子。句子雖然簡單，但修士們可以選擇個別朗讀、重複朗讀，或是默禱，然後在團體祈禱時一齊朗讀。

這個句子、抑或相似的句子，可以配合呼吸，有節奏地朗誦出來。吸氣時唸：「天主，求祢快來拯救我！」呼氣時唸：「上主，求祢速來扶助我！」這麼做可以幫助你振作精神，並遠離腦中的噪音。

萬一這些令你分心的事始終揮之不去，另一個方法就是暫停誦唸句子，思索讓

你分心的事（如果很重要，可以寫下來、稍後再處理），然後在心中有意識地告訴自己，要將此分心之事推開。如果你能經常誦唸此句，並盡力安排時段、實行靜默，逐漸讓這個句子進入你的靈魂，並讓它充滿每一天，就能漸漸改變你對生活的態度。

基督信仰傳統中，東南歐和俄國的東正教教會裡，還有「耶穌禱文」（Jesus Prayer），即不分晝夜、不斷重複地默禱：「主耶穌基督，可憐我罪人。」這個祈禱詞因十九世紀的故事〈朝聖者之路〉（The Way of the Pilgrim）而廣為流傳，故事是描寫一位俄國的跛足農民在出發朝聖時，不斷地誦唸這句祈禱詞；他不僅默唸，而且是全心全意地誦唸。

上述的呼吸法並非源自聖本篤，而是出自他處[3]。其他方法也可以幫助你的身體適應：盤坐（坐在椅子上，雙腿相盤）、頸部和背部保持挺直，深呼吸幾次。這些步驟並非為了放鬆身體，而是要幫你集中注意力；然後，想像有一個很重要的人正準備告訴你一件很重要的事，於是你便自動伸直雙腿、站起來，並集中精神。

默想時，注意力和身體都要準備好，但不必像思考或肢體運動時那麼緊繃，重點是要讓你和天主說話，最後讓天主也跟你說話。一旦我開始和天主說話，任何事都有可能發生，而且通常真的會發生。所以，要讓這對話自在無礙。

某些東方傳統，對於使用重複的字句有非常嚴格的要求。例如印度教的古魯（正確的亞洲說法是「導師」），堅持只能使用真言祈禱（再一次，正確的亞洲說法是「重複誦唸的祈禱文」）。最明顯的例子是歐洲「黑天自覺會」[4]的崇信者，他們持續地誦經，而他們那亞洲風的服飾已成為都市中常見的景象。他們不停地誦唸"Hare Krishna, Hare Rama"[5]的原因在於，他們深信重複的誦唸才是唯一、也是真正的祈禱。

從許多標準來看，「黑天自覺運動」（Krishna consciousness Movement）是印度教的產物，與那些穿著西裝愚弄西方人、自稱能開釋東方古老智慧的導師們相較，還算是比較主流的亞洲宗教。只是這種「以唯一的方式誦唸真言才算祈禱」的堅持，與基

3. 出自埃及曠野教父，由西奈山傳到希臘聖山，再至俄羅斯。
4. Hare Krishna，中譯「哈瑞奎師那」。Krishna 為梵文，即黑天，亦音譯為克里希納、克里修那等，是印度教三大主神之一的毗濕奴（Visna）十種化身中的第八種。他的精神講話稱為《薄伽梵歌》，是印度教的重要經典。
5. Hare為梵文，意謂「去除假象」，Rama意謂「神聖喜悅的」，也是毗濕奴第七化身，亦譯為「羅摩」。「Hare Krishna, Hare Rama」直譯為「去除幻象的克里斯那，去除幻象的拉瑪」。

督信仰的隱修制度大不相同。

聖本篤從未有過這種排他的主張，只要求我們祈禱並牢記在心、隨時保持心靈的純淨。「我們要知道，天主俯聽我們，不在多言，而是因為我們的純潔的心靈和痛悔的眼淚。……我們的祈禱應求簡短。」（《聖本篤會規》20:3-4）對照我們早先提到的「祈禱」和「一個祈禱」的區別，聖本篤並沒有將單一的祈禱或真言視為祈禱的全部。他堅持為了發揚祈禱的各種形式，必須要有團體生活以及團體祈禱作為主要架構，並允許每一個人以不同的方式祈禱、與天主親近。

這種不超出核心架構的精神自由，是每個人都可以應用到生活上的；也就是說，你的默想需要一個主架構，但祈禱卻可以在這個主架構內自由自在、形式不拘。

閱讀的重要

對於聖本篤來說，閱讀不僅是幫助默想的重要方法，也是精進靜默的助力；事實上，聖本篤在會規中用到「默想」這個字眼時，指的就是閱讀或熟記經句，以作為往後祈禱之用。默想於他而言，永遠奠基於《聖經》文句。

雖然聖本篤沒有設定默想的方法，但他的確強調了默想須從閱讀經文開始。至於如何妥善運用靜默的時間，聖本篤則提出「閱讀」這個寶貴的建議；在他的隱修院中，修士們每天都要閱讀三小時。

這種非常與眾不同的、由聖本篤繼承並發展的修院式閱讀，如果想要了解它，得先重新審視一下我們如今的閱讀行為；若要向聖本篤學習，我們必得重新檢驗現代人的閱讀習慣，以及何謂「良好讀物」等已經約定俗成的想法。所以，讓我們一起仔細看看你現在的閱讀方式。

當你瀏覽過書頁，上頭的文字和標點會立即在你心中形成意義。閱讀一如呼吸，除非有什麼不對勁，通常你不會注意到自己正在閱讀。

所以，**暫停一下，注意自己正在看書這件事**。現在，你是否發現，自己可以用新的方式閱讀：你可以讀得很快或很慢，或從一張時間表裡擷取訊息，甚至慢慢品味情書裡的情意。我們很少會刻意選擇閱讀的方式：所以一起這麼做吧！讓我們以更積極的態度閱讀報紙上的文章，或細細品味一首詩。

大部分的現代人都熟知控制自己的呼吸、並藉此改善健康的默想法。從學習超覺靜坐（transcendental meditation）以至於降低血壓，古魯和醫生們都認為控制呼吸對身體健康有益；它甚至被包裝成這種說法：「深呼吸，然後放輕鬆。」

隱修傳統對閱讀也有類似的包裝，拉丁語叫"*lectio divina*"。從字面解釋，它是「誦經默禱」（divine reading），不過「默想式閱讀」（meditative reading）則更貼近字的本意。它包含經句的使用，但又不限定在《聖經》；閱讀時，要有天主正與你說話的信念。就像在祈禱中，是人們親暱地稱天主為「祢」，「誦經默禱」則是天主對「你」這個讀者說話。「閱讀」和「祈禱」之間的連結很清楚，就是：我讓天主對我說話，並以感動之心回應天主。「默想式閱讀」連結了祈禱，而這正是隱修傳統聯結祈禱的方式。

在我們進一步討論「默想式閱讀」之前，不妨先思索一些現代人根深柢固的、有礙虔誠閱讀的習慣。

一直到二十世紀，西方世界才將各種類型的閱讀視為智慧的汲取，不再侷限所讀文本是經文或俗世著作。在這種世界觀下，天主想糾正我們失序的生活，而來自天主的終極療法就是汲取智慧。嚴謹地學習藝術與科學，因為它們不僅是智慧的來源，也是治療靈魂的藥方；宗教學識和俗世學識不必分開，只要能從中汲取到智慧就可以了。在這裡面，閱讀是宗教結合俗世的一種全身心活動，研讀藝術或科學讀物應視為自我救贖，而非尋求資訊。

而那些在十九世紀創立大學的人們，則開啟了通往另一個目標的道路：他們追求有關這個世界的資訊，並加以分析。這種分析方式徹底裂解了長久以來人們對世界和閱讀的觀點：閱讀是為了了解及控制生活，而非尋求智慧。宗教和俗世從此區隔開來，同時也只有宗教經文才稱得上是神聖的。

時至今日，閱讀變成一種功能性的活動：翻看雜誌和低級小說是為了娛樂、閱讀報紙和百科全書是為了資訊，而教科書則是以教育為目的；最後，還有為了體驗藝術的閱讀，如閱讀詩篇或著名的文學作品，這成為我們最接近汲取智慧的閱讀方式。

近來，人們開始偏重速度：這是個重視速度的世界，快速閱讀是美德，慢條斯理則需要接受矯正。對大部分的人來說，閱讀不是為了某種目的，就是為了娛樂，更重要的是，要快。已經很少有讀者會把「閱讀」視為汲取智慧的精神途徑。但是，就像隱修院於黑暗時期、在蠻族肆虐下保存了古籍，它也為現代人保存了「誦經默禱」的傳統。

細嚼慢嚥字句，幫助消化生活

在我們開始討論「默想式閱讀」之前，先來看看選擇讀物的問題。隱修生活偏愛誦讀《聖經》，但同時還有多種可供每日閱讀的《聖經》摘言；其中有些是在特定日子、於教堂中閱讀的，其餘的則是個人的日常讀物。你也可以一段、一段地讀福音。我建議以〈瑪竇福音〉開始，裡面有耶穌生動而感人的故事，一開始就有許多非凡的奇蹟——先別深究奇蹟是怎麼發生的，而是讓它們反問你：天主想在你現在的人生階段說什麼，或做什麼？

其他適合的讀物還包括：佈道精選、別具深意的詩、聖者的生平等等，任何能讓你慢慢閱讀並聆聽天主之語的讀物。隱修生活要求細讀偉大聖者的文字，從聖奧思定（Augustine of Hippo）的古老著作，到加爾喀達特蕾莎修女（Mother Teresa of

Calcutta）的著作。

《修院生活》中的五位男士就認為，每天花半個鐘頭閱讀這些靈性著作比閱讀經文來得容易許多；但這不是說，書店裡的每一本宗教書籍都有幫助。所以讓我們把書拿著，看看「默想式閱讀」之所以成為一種特殊閱讀方式的三個關鍵特徵。

第一，把經句視為禮物，而非一個需要解開的難題。默想式閱讀的傳統邀請讀者接受的第一件事是：避免質疑，而是先讓文字發問。謙遜是獲取這個智慧的鑰匙。澳洲的卡西（Michael Casey）神父為此下了一個很好的結論：

「『默想式閱讀』不僅是發現有關天主之事的辦法，同時也是我們了解潛藏自我的辦法。那些看似陌生的、甚至與我們內心最深處的渴望相敵對的訊息，並非離間的誘惑，而是經文所反射出的、我們最真實自我，是一個充滿驚喜的結果。」

所以，先讓經句引導你。

第二，「默想式閱讀」教導我們，為了領悟經句之中的教誨，我們必須放慢閱讀

速度。這讓人想起不久前，在義大利發起的「慢食」運動。當地的村莊向訪客保證，他們沒有「快餐」，絕對能讓人們安心地享用食物。

培養慢速的閱讀習慣，就是治療快速閱讀的良藥。卡西神父曾說：「重複是『默想式閱讀』的靈魂。它才是正確的腦部活動；我們不應該求速吸收全部的內容，而是要不斷地反覆閱讀。往下閱讀、然後再回頭重讀一次。每重複一次，就會有新的領悟。」

最後，「默想式閱讀」本身也是祈禱的一種。在開始閱讀之前，先祈求天主透過經句和你說話。閱讀的過程中，讓閱讀結合默想，進而變成祈禱，最後成為默觀。閱讀完畢後，在心中記住一些句子，想到的時候就在心中默唸，讓真誠的閱讀轉化為真誠的生活。如此一來，「默想式閱讀」就會是一種制式的日常行為：經句重新架構了你的日常生活，日常生活也因此融入了經句之中。

「默想式閱讀」並無法將你的生活方式系統化，但虔誠的閱讀時光，確實是某種心靈和心智活動。為取得智慧而閱讀的動機已在二十世紀式微，就在同一個世紀裡，嘉都西會大查爾特隱修院的副院長士桂果（Guigo），則為「默想式閱讀」寫下有史以來第一篇系統化的論文。他描述了「默想式閱讀」過程中的四個活動：閱讀、默想、祈禱和默觀。默想表示深入經文，祈禱是讀者對天主的回應，而默觀表示在天主之前保持沉默，無須語彙的存在。他以飲食為例，說明這個「消化」經文的過程。

「閱讀是將食物放入口中。默想是咀嚼和咬碎。祈禱是擷取滋味。默觀則是令人歡喜並精神為之一振的甜美。」這個比喻相當得體——我接受聖言（Word of God）進入我生活中的每一個層面，並為其存在而歡愉。在聖祭禮儀中領受基督的聖體與聖血，就是和基督交流；因此，閱讀也可以是交流，也可以開始改變生活。閱讀不僅能獲得資訊，更能帶來轉變。

你也許會想，閱讀經文的方式是否專為修士而設？我要引用西元四世紀、君士坦丁堡著名的總主教聖若望（St John Chrysostom）的見解：

> 「你會說『我不是僧侶，而且我有妻室和孩子，還得照顧家庭。』這便破壞了一切——即使在你比他們更需要的時候，仍認為只有僧侶才誦讀經句。那些俗世之人，以及每天都受創傷之人，才是最需要這帖良藥的人。」

行動和默觀

以經句默想或以重複的語句默想——兩者都能提供生活新的背景：它是我們鋪設的地毯，作為在忙碌世界受創的靈魂休養的地方。我們都了解，健康的關鍵就在於選擇簡樸的生活方式：運動、禁菸等等。精神健康也一樣。

簡樸思想就是關鍵，而默想和「默想式閱讀」能提供這樣一個新環境。你可以把生活從一個環境——像隻無頭蒼蠅那樣瞎忙——轉換到另一個環境：放慢腳步、讓你能認清自己的生活和自己身處的世界。你仍然得辛苦工作、履行義務和買東西，但你也會逐漸領悟到，如何將精神集中在這些行為的本質上。

在靜默和祈禱時，也許會體驗到一些「快感」，但它們並非真理的迷幻測試。當你感到自己的祈禱令人滿意時，麻煩就來了——我們將在第四步〈謙遜：通往謙遜的十二級階梯〉中討論這個問題。默想是否確實，會反映在你的日常生活中：你對他人的耐心與關懷，以及是否過著誠信正直的生活。

堅持祈禱，你就能開始在雜音中聽到原本只能在靜默中聽到的事物；如此一來，不僅在靜默中，你也能在日常生活找到自己的聖殿。所謂的靈性生活，就是每日回應天主的聲音。

這一章的主題是「默觀」，但到目前為止，我們仍將重心放在默想上。有些時候，「默想」（meditation）和「默觀」（contemplation）指的是同一個意思，也就是有意識地將心靈敞向天主的方法。這雖然可以解釋默想，但默觀還有另一層意思：它就像是默想所結的果實，一如嘉都西會副院長士桂果對於「默想式閱讀」時靈魂活動的描述。

十六世紀最著名的天主教祈禱教師，亞味拉的聖女大德蘭（Teresa of Avila），曾以動人的比喻形容祈禱的不同境界。她說，靈魂有如一座花園，天主則是滋養它的水分。水以四種不同的方式來到花園：汲自水井、藉由轆轤、出自清泉，以及滂沱大雨。依此順序，每一種都比前一種來得輕鬆、也更滋養。

雨是「天主親自澆水，不需我們的勞力；這是其他方法都無比可擬的。」她將不同方式的「灌溉」比喻成不同的祈禱：前三者來自默想，需要致力獲得，但最後一種則來自默觀。此時，天主是主體，而我們則是祂面前溫馴的收受者。

默想的目的，是為了準備接收天主的賜予。對某些人來說，天主要賜予的就是默觀。默想是我們的功課，默觀則是天主的工作。有趣的是，聖女大德蘭認為默想並不會把一個人變成聖人；她相信日常生活中的默觀，才是聖潔的關鍵。

聖女大德蘭最有名的一句話是「天主就在鍋碗瓢盆間」，指出了神聖本來就存在於凡俗之中。她的作法是從默想到默觀，然後到豐盈的精神生活；這就是聖女大德蘭的默觀生活。

這種關於靈性生活，以及如何找到聖殿的觀點，早已為大眾所接受了。我們在第六步〈靈性：選擇真正的修行方式〉中將會談到，某些靈性活動能使人放鬆、獲得寧靜的論點，從來不存在於信仰基督的隱修生活中。隱修的默觀傳統裡，對於持續的祈禱和應允聖言等，都有嚴格的要求。

這是我們鋪在聖殿中的祈禱之毯。它並不華美，有時摸起來還很粗糙；起身尋找舒適替代品的誘惑絕對存在。我們必須想辦法幫助自己保持虔誠。

不過，像「我」這樣一個不可信賴的人，該如何保持虔誠呢？聖本篤的回答是服從[6]。所以，如果我們要找到真正的聖殿，並面對乍看之下似乎和服從大相逕庭的、現代人所堅持的個人自由，那麼我們的下一步就是思考：在尋找聖殿時，為什麼需要「服從」？

6. obedience，指放棄自己的主張，服從上司的旨意，可分為：(1)一般的服從，譬如聽從父母的話。(2)修會中三願之一，即「貞潔、貧窮、與服從」。

第三步

服從：誠實面對自己

彼此爭先服從，不要只求自己的利益，但也該求別人的利益。

——《聖本篤會規》72：〈會士們應有的熱心〉

曠野教父與教母們和聖本篤一樣清楚，「服從」對真實的靈性生活有多重要。有一個故事是關於四位修士拜訪著名的帕姆波院長（Abba Pambo），每個人都提到其他人的美德：第一個嚴守齋戒、第二個守窮、第三個慈善，至於第四個，他們說他已經服從一位同住的老者有二十二年。帕姆波院長回應道：「我認為此人的德行是最高的。你們每個人都獲得自己想要的美德，但這一位卻能克制自己的欲望、實踐他人的願望。」

這名「順服於一位老者」的修士，他奉獻自己以服務他人。這個故事描述了隱修生活與日常生活中，愛與服從間深刻的關聯；今天，已經有更多人致力於服務老年人或家中行動不便的親人，這就是隱修生活所認定的服從。對於現代人來說，這些聽來可能都很奇怪：因為現代的愛，不是伴隨、服從，而是自由。

你以為的自由，只是盲目的服從

選擇的自由是現代生活的核心價值。有些人這麼認為：「我不需要別人告訴我該做些什麼，我要自由自在地當自己；我可以自由地選擇我的穿著打扮、我的工作和我的性行為。」但是，很多人自認為自由的選擇，其實都受到隱藏在日常生活中的「服從」所影響。

以穿著為例，今天的人們深信，無論是破舊的牛仔褲還是瀟灑的西裝，他們擁有挑選衣服的無限可能。但這些所謂的選擇，只不過反應了其他人認為我們該怎麼穿的觀點。時裝公司決定了這一季的流行面貌、大街上的商店大量陳列這些相同的面貌，而流行圖像和廣告則影響了我們要購買哪些衣服的想法。

並沒有多少人能真的穿出獨特，並宣稱這是完全獨立自主、不受影響的選擇。

服飾的流行現象創造出"fashionista"[1]這個字，意謂迷戀流行的人。這種對服飾的執著，在年輕人身上尤其明顯：當中學生因為穿著單一的校服而顯得較不具差異性時，這些非常年輕的族群仍必須具備正確的風格或品牌觀。至於那些沒有制服的學校，穿著標準經常是一種不成文的規定，學生們也不太敢違抗。由此可見，現代人的真實生活和他們所聲稱的獨立自主之間，有很大的落差。

1. fashionista，主要用來諷刺瘋狂追求時髦與流行的人，同時也指撰寫時裝評論與報導的人。它結合了英文字"fashion"和西班牙文的字尾"-ista"，一般是帶有貶抑味道的詞。

當人們嘴裡嚷著自由，卻生活在隱藏的規則與束縛中，便將自己推入了險境。服從好的規則沒有錯、實踐自己的選擇也一樣沒有錯，但危險的是：所聲稱的和實際所做的不同。當人們聲稱自己服從某些規則，卻又不遵守這些規則時，我們說這是「虛偽」——這也是人們經常拿來批評宗教界的話。

當人們說自己獨立自主，卻又被束縛在非明文的規範裡，真會叫人無言以對：因為這種事在現代隨處可見，人們卻不肯勇敢承認。**這個在現代生活中無以名之的狀況之所以凶險，就是人們不知道自己正在他人的規範裡，因此也看不出逃脫的必要**，因為表面的消費自由，蒙蔽了背後更深層的依賴。

和現代強調選擇自由的論述恰好相反，隱修生活將服從視為美好生活的核心。我說「相反」，是因為今人認為「服從」和「自由」，是兩個互相牴觸的概念。然而，自由和服從也許並不如你所想的那樣水火不容。

自由與服從的現實較勁，曾在一九八〇年代、在我面前以不尋常的方式呈現。一位《每日新聞》的記者為了寫一篇有關隱修生活的報導，暫住在渥斯隱修院裡。他訪問了奧利佛神父。神父當時已經七十多歲，十八歲起就成為見習修士。記者問他：

「你那麼早就開始過著修道的生活，而且一服從就是五十幾年，難道從未覺得自己的生命錯過了什麼？」

奧利佛神父半帶微笑，中氣十足地回答：「聽好啊，這麼多年來，我每天醒來都會為自己選擇當一名修士而感到振奮。」很少人能如此簡潔地將隱修和俗世的文化衝撞一語道破。這篇報導後來並沒有發表，但故事卻有了出乎意料的發展。

一年後，這位記者住進醫院，病重瀕危。後來他康復了，並文情並茂地寫了一封信給我們，描述他的病情和感想：

「當我躺在那兒，那麼接近死亡，」他寫道，「我唯一想到的是你們這些身在教堂、每天早晚都在祈禱的修士們。這給了我勇氣；應該說，是你們的祈禱救了我一命。」在這個故事裡，何者才是自由的錯覺呢？

真正的自由來自於了解與選擇

讓我們一起檢視自由與服從的關係。隱修傳統相信，服從或許最可以表現人類的自由。我說「或許」，是因為自由地服從涉及兩個層面：一如我之前提到過的，服從於自己所不理解的選項，並不算是自由的選擇。因此，在第一個層面上，適當的服從指的是：「我必須了解自己選擇服從的是什麼」。

第二，選擇服從有前瞻性的、而非束縛我們的事物。舉個例子：一個為獲得團體認同而抽菸的青少年，所順從的並不是自己的自由意志，因為：第一，他們認為抽菸是自己選擇的，卻沒意識到他們只不過是順從於那個團體罷了；第二，日漸受損的健康將會嚴重地限制他們的未來發展，這表示他們的自由也將被自己所限制。

那麼，**人們怎麼知道現在所做的選擇，可以增進未來的自由？聖本篤的回答非常簡單：聆聽**。這是也是《聖本篤會規》開宗明義的要點，並一以貫之他所有的訓誨。對於聖本篤來說，隱修的聖殿是一處可以聆聽的地方，一處人們彼此聆聽、也聆聽天主聲音的地方。所以我想進一步說明聆聽、服從和自由三者間的關連。

一如聖殿（sanctuary）這個字，「服從」（obedience）也有其深刻的含義。這個字源自於拉丁語的“oboedire”，同時有「服從」和「聆聽」兩個意思。它的字首“ob”表示「方向」，加上“audire”，就成了“oboedire”。因此，「服從」令人想起身體朝向某人、努力聆聽對方說話的景象。「聆聽別人」是「服從」的原始意義，也是一個非常好的定義。

隱修在鼓勵人們聆聽，然後選擇想跟隨的正確聲音。這是自由的雙重實踐：識別的自由，並選擇跟隨已識別的事物。所謂的盲從，是指沒有做到「識別」這個步驟，就輕易地追隨武斷的聲音，或那些放棄生活者的聲音。

盲從的例子之一，就是把自己的生活交付給某種迷戀，還不允許自己做更深入的判斷。事實上，當我們創造出「盲從」這個詞時，也代表了一般的服從並非盲目的；它是可辨別的。辨別過的順從，也就是我所謂的「服從的自由」。

聽良知的聲音，而非感情的聲音

隱修想邀請你一起體驗的就是服從的自由。聖本篤很清楚，服從並非做上司要我們做的事，而是彼此關愛。「在會院內，眾人不僅對會父表示聽命，弟兄之間也能彼此服從，這是天主的降福。因為我們知道，服從是到達天主必經之路。」（《聖本篤會

規》71:1-2）這表示你必須要聆聽他人，而非只聆聽自己的聲音。「不要只求自己的利益，但也該求別人的利益；彼此以純淨的手足之情相敬相愛；敬畏天主。」（《聖本篤會規》72:7-9）。這句話出自聖本篤講述〈修士應以美善熱誠相互對待〉的篇章。這是服從的最高境界，其核心是自主的判斷，而「不要只求……也該求……」則是重複誦唸的部分；它的目的在表達關愛：「彼此爭先服從。」（《聖本篤會規》72:6）

在這樣的人際關係中，服從需要極大的精神自主：能判斷自己的欲望與他人的欲望，然後自行決定為滿足他人的欲望而擱置自己的。

本質上，聖本篤描述的是良知的運作。良知和感情不同，它是促使你聆聽那超越自身感情和渴望的內在過程，是你依照自由意志、選擇跟隨或放棄某個欲望的過程。

舉例而言，你也許想多來一罐啤酒，但更前瞻的態度則會幫助你做出負責任的決定：保持清醒。這或許是為了遵守喝酒不開車的法律，或許是為了不被趕出酒館，也可能是為了翌晨醒來時能保持頭腦清晰；這裡的任何一種選擇皆服膺於自由意志，也是負責的決定。

再舉一個更貼切的例子：結縭多年後，一個已婚者也許會愛另一個人更勝於自己

的配偶。感情可能會慫恿他們為了新歡而拋棄家庭，但良知則會要他留下；良知讓人注意到他人的感受、對配偶的誓言和現實的法律。你可以服從自己的感情，也可以服從你的良知，而兩者的結果大不相同。感情是你的良知需要考量的一點，但它們絕非唯一需要你在意的。

盲目地跟隨感情，和盲目的服從一樣危險。沒來由的憤怒、盲目的恐懼和未加思索的貪求，這些強烈的感情極可能使人舉措失當，並在事後懊悔不已。強烈的感情和良知不同，而隱修生活要求我們運用良知選擇，最後做到自由的服從。

基本上每個人都相信，當我們跟著感情走時，也可以是自由且自制的；而隱修方式則在挑戰這個信念。隱修生活要求自由與有良知的順從，卻也從中衍生出一個問題：順從什麼？所以，我們現在就來檢視伴隨這個問題而來的課題——控制。

是你掌握了生活，還是生活控制了你？

我們可以理解，人們會在意能不能掌握自己的生活。在西方社會中，生活水準進

步的特徵之一就是：擁有的越多，生活上就越不必受他人支配。

想掌控自己的生活並不是容易的事，因為城居社會像一個由無數個體所組成的網絡，我們幾乎無時無刻都在接觸別人。想在這種強制的接觸中保護自己、並在複雜的日常生活中生存的辦法之一，就是戴上多張面具：坐地鐵時一張，工作時一張，和朋友相聚時一張，玩足球時又是另一張。戴上複合式面具：該戴哪一張、或何時戴它，是人們維護隱私和維持秩序的方法。

某天我在倫敦搭地鐵時，發現這些面具幾乎無所不在。有位大約十一歲的女孩和父母搭上擁擠的列車，從某些外部特徵可以看出她患有唐氏症。車廂內還有點空間讓她走動。她一面走動，一面拉了一下車廂裡某位通勤者的袖子，大聲地問：「你快樂吧？我很快樂。你快樂嗎？」

沒有人打算坦白地說自己快不快樂，有些人甚至埋首報紙，假裝沒聽到。我笑了，她也笑了，而她的父母也笑了，但似乎沒有多少人欣賞在通勤車裡摘下樣板面具、這種開心又自由的事。他們繼續當「通勤者」，似乎很怕跟這個容易受傷的女孩成為同國的人。他們努力戴著面具，繼續保持冷靜。他們看起來一點也不快樂！

面具不只讓人在地鐵中隱藏自己，它們也成為生活的全部。不久前，一個很坦率的年輕人才告訴我，一位二十五歲都市人的生活是什麼樣子。他如此形容自己的情況：一個初出茅廬的年輕人，必須表現得獨立又堅強，所以不能流露出脆弱的一面；他害怕別人看穿他的靈魂和心，害怕他們會嘲笑他心中的焦慮、缺乏自信和他的缺點。他擔心有朝一日，自己的弱點被公諸於世，社交生活也從此告終。

但另一方面，比起表露自己的內在，這位年輕人顯然對於展露身體、享受性之歡愉較無疑慮。他認為銅牆鐵壁的心與方便的性，就是他想要的生活模式。

對自己誠實，才會找到「真的我」

與那些拜訪渥斯隱修院的客人接觸過後，我認為人們已經越來越清楚，除了戴上面具、角色扮演、性的追求這些讓生活複雜化的事情外，還有更多值得追求的事物；他們提到想有一個更確實、新的機會來展現自我。

「我想對自己誠實」，是那些尋求個人自由者的普遍渴望。對自己誠實的渴望是不

分古今的，而在今日，這還涉及了想當「真的我」的欲望。這裡面藏有一個看不見的假設：日常生活裡那個看得見的我，其實是另外一個人，而非「真的我」。

更深入地說，人們在暗示這個「另外一個人」掌控了他們的生活。不知為何，這個「真的我」不僅無法掙脫，而且無力控制生活。形容這種現象的現代術語之一是「疏離」：人們感覺和自己疏離了，他們過的生活並非自己想要的生活，但卻無法擺脫。簡而言之，他們對生活不滿意。

此時，一個很重要的問題出現了：是誰為你設定這些行程表的？是誰為你安排了這個細至每分每秒的行程？又是誰為你訂下遠程計畫？許多人可能會回答：「是別人為我訂好工作和家庭計畫的；我的時間表是按上司、父母或家庭需要來制定的。」

特別是女性，長久以來，她們的生活一直受到其他人的計畫所左右：不是做家事，就是得照顧小孩。女性運動致力於讓女性掌控自己的生活步調，但對女性來說，這種態度還不夠積極。

這些內容，大部分都可以與本書一開始所闡述的事實相連——許多人都以為生活之所以會這麼忙，都是別人造成的。忙碌也造成了疏離感。回應這種壓倒性的忙碌感，我曾建議人們要掌握自己的日常步調，在生活中建立聖殿、使它成為生活的一部分。我也說過，**品德是聖殿的大門，而靜默和默觀是鋪在地面、用來減少噪音的覆蓋物**；必須降低這些噪音，人們才能聽到自己以外的聲音。這一章所談的**服從，則是建造聖殿的牆壁**——同時也壓抑我們自私的聲音、加強天主的聲音。這麼一來，真正的自我就會漸漸顯露出來。

做你自己，而不是做別的人

為了幫助你發現自我，我要先介紹一位現代的「曠野教父」，他的隱修智慧擄獲了二十世紀人們的心，一如四世紀時的古代曠野教父。

他的名字是多瑪斯．牟頓（Thomas Louis Merton），他的自傳與其他著作皆是排行榜上的暢銷書。我們先看他的生活背景：一九一五年出生於法國，第一次世界大戰時，他回到母親在美國的祖宅以躲避戰火。母親過世後，牟頓回到英國唸書，直到完成大學學業。一九三五年，他回到美國，進入哥倫比亞大學就讀。牟頓來自一個對宗

教信仰並不熱中的新教徒家庭，但在一九三八年，他歷經了重大的信仰轉變，成為一名天主教徒。在一九四一年、美國加入第二次世界大戰時，他前往肯德基州的革責瑪尼隱修院（The Abbey of Gethsemani），並在那裡度過餘生。

身為天主教中最嚴格也最封閉的隱修院之一的革責瑪尼，屬於嚴規熙篤隱修會（Order of Cistercians of the Strict Observance）。牟頓於一九六八年逝世於曼谷，當時他正在遠東地區旅行，和許多佛教及印度教的宗教領袖會面；達賴喇嘛稱他為「一位美國喇嘛」，這是一項盛讚，就像認定他是我們這個時代的曠野教父一樣。

牟頓的一生是一項探索——探索如何誠實地面對天主，以及誠實地面對自我。對牟頓來說，這兩種探索其實是同一種。一九四八年，他出版了《默觀生活探秘》[2]。這本六十年前的預言書，已經提到許多本書中試圖解決的挑戰，與所設想的回應。《默觀生活探秘》的主題之一是探索真實的自我。在〈誠實〉（Integrity）這一章，他寫道：「許多詩人並非詩人，同樣的，許多宗教家也不是聖者：因為他們根本不當自己。他們從來不曾按天主的旨意，致力於成為一個真正的詩人或修士。」人們不當自己，因為當別人比較容易，也因為只要複製他人的成功之道，自己就不必冒失敗的

風險。努力複製別人並非無我，事實上，是自私。「亦步亦趨也可以有強烈的本位主義。人們急於藉由模仿所謂的流行以誇大自己——以至於懶得去思考更美好的事物。」

他注意到忙碌和假我是如何狼狽為奸的。「匆忙一如毀掉那些藝術家一樣會毀掉聖者。他們想要速成，而且在匆忙下失去誠實面對自己的時間。當他們陷入瘋狂時，還爭辯這樣的急切也是誠實的一種。」

他基本上在指責那些模仿別人、卻又宣稱是對自己誠實的行為。**誠實對待自己的真正挑戰在於，它像一項緩慢而有意義的工作；它沒有固定的工作方式，但肯定需要不斷地探索和改變。**

最後，唯有聆聽天主，才能對自己真誠。保持忙碌是避免對自己坦誠的辦法，所以渴望從忙碌中脫身，正呼應了對自己坦誠的願望。讓這種願望沉澱下來，然後再往聖殿邁進一步。

我們正來到這本書的核心，即以隱修之法進入聖殿的核心。牟頓在此提出了一個充滿智慧的見解，照亮了敞開在我們面前的聖潔之所，並為生活重新定調：「為了成

2.《*Seeds of Contemplation*》，中譯按光啟社出版名稱。牟頓的自傳《七重山》，由啟示出版。

為我自己，我必須停止當那個我一直以為自己想做的人。」

你對自己有多誠實？

如果我們的生活就是以自己、自己的欲望和抱負為中心，並宣稱這些欲望與抱負就是我們對自己誠實的方式，那麼，自作主張就成了表達自己唯一的可能。

如果我們只想維護自己的欲望，那麼對自己誠實就可能是個假象；事實上，我們所有想讓自己更真實、更接近自我的努力，還會造成反效果：它們只會製造出更多的假我。

自作主張是錯的，因為它把你和人群切割開來。如果私欲是你人生的指引，那麼最後你只會把你的自我強加在他人身上，接著開始要求他們的關愛；可惜，關愛只能被賜與、無法強求。堅持私欲與愛的行為是背道而馳的；期望對自己誠實的同時，你也在期待愛人和被愛，這意味著你必須找到結合了愛與對自己誠實的方法。

對待人是這樣，對待所有物也一樣：若我們主張自己就是應該擁有別人所沒有的，如此便是自絕於他人。我們從他人的支出致富，並以自己擁有他人所沒有的東西為「幸福」。現在，我們可以先簡單地將「物質財產」這個所有物的概念，轉化成「精神財產」。耶穌的寓言故事〈法利塞人和稅史祈禱的比喻〉[3]就描述了這點：「天主，我感謝你，因為我不像這個稅吏，」法利塞人說，「我不像他，因為我祈禱和禁食，並謹守戒律。」稅史則捶著自己的胸膛說：「天主，可憐我這個罪人吧。」

哪一個人對自己比較忠實呢？我們憑直覺知道是那位稅史。法利塞人認為自己不像他人，這是典型的「以不真實的自我偽裝成真實的自我」。

這個寓言是衡量你對自己有多誠實的絕佳標準。當你可以坦白說出：「我是個罪人。」就是你已經準備好要面對真實白我的時候了。因為當你這麼說時，表示你看出人心可以是惡意的居所，也可以是善意的居處。

3.〈路加福音〉18：1-6：原文為「耶穌也向幾個自充為義人，而輕視他人的人，設了這個比喻：有兩個人上聖殿去祈禱：一個是法利塞人，另一個是稅吏。那個法利塞人立著，心裡這樣祈禱：天主，我感謝你，因為我不像其他的人，勒索、不義、奸淫，也不像這個稅吏。我每週兩次禁食，凡我所得的，都捐獻十分之一。那個稅吏卻遠遠地站著，連舉目望天都不敢，祇是捶著自己的胸膛說：天主，可憐我這個罪人罷！我告訴你們：這人下去，到他家裡，成了正義的，而那個人卻不然。因為凡高舉自己的，必被貶抑；凡貶抑自己的，必被高舉。」

能意識到自己的過錯，是現實生活中有益健康的檢驗，能阻止假我扮成真我。罪惡感表示你願意檢驗自己的所作所為，判斷它們是不是都是正直無欺；對於隨心所欲，你需要外來的檢驗標準。如果你能接受這成為現實生活的一部分，就能得到協助和指引，並選擇服從於它；也因此，你能在通往自我實現的道路上減少過錯；你將會慢慢地前進，並謹慎地避免放縱，同時在前進的過程中避免傷害到其他人。

當然，這意味著你有更多機會關懷別人，而非利用他們作為你表現自我的一種手段。意識到自己有罪，將令你在不依靠他人的自立之餘，也能向他人伸出援手。比不依靠他人還要美好的是互相依靠；你可以自由地選擇在一段關係中與另一個人的生命緊緊相依，或是在一個團體中與其他人彼此倚賴，如此一來，「誠實地面對自己」這個挑戰就會變得可親可愛多了。我也相信，這個挑戰最真實之處，就是你將發現自己需要寬恕、指引和協助才能達成它。

寬恕、指引與協助——天主是這三樣德行最豐沛的提供者。因此，讓我們重新回過頭來看看祈禱，一如牟頓書中某節著名的章名：〈為你的探索祈禱〉。

為你的探索祈禱

在某些現代心靈寫作裡，會發現他們將「內在欲望」等同於「天主之聲」的傾向；最極端的，就是把天主當成一個「人性共同的內在世界」的同義詞。但是，倘若你沒有先了解「天主」的傳統意義，就不該輕易地宣稱「內在世界」等同於「天主」。你的內在生活是天主表明祂存在的地點之一——天主存在於靈魂中——但不是個人聖化的意識而已。人們不能只是主張真我：我們需要祈禱，以便在個人的意識之外找到力量。

之前在討論默想時，稅史的祈禱可視為另一種「耶穌禱文」，也就是在默想時用來重複誦唸的句子：「主耶穌基督，可憐我罪人吧。」值得注意的是，這也是流傳最廣的基督信仰祈禱語。這個祈禱語同時凸顯出天主的寬恕和祈禱者的自我醒覺。以這個祈禱詞祈禱，顯然就是在祈禱「對自己要真誠」。罪人一定知道兩件事：我是一個罪人，而天主寬恕我。合起來，我們就得到兩個極為寶貴的事實：我明白如何以關懷的態度、真實地對待自己，以及天主在我以愛對人之前，即已以愛待我。

再回到「誰為你設定行程表」這個重要課題。當你「為你的探索祈禱」時，你的步調就不再是別人為你設定的、也非你為自己設定的，而是來自天主的安排。生活，在於尋找天主為你的生命所安排的行程表。於是你得到最終的順從自由。

尋找這個行程表是一輩子的工作，而且無法獨力完成；當你遇到無可避免的挫折時，請留在聖殿裡，絕不放棄。順從之牆需要屋頂來穩固它，並成為抵擋抗衡勢力的庇護所。你也同樣無法獨力建造這座屋頂：你需要接受他人的幫助，而這就牽涉到下一步我們要討論的「謙遜」。這也表示，你必須懷抱謙遜，才能來到屋頂。

第四步

謙遜：通往謙遜的十二級階梯

我們因得意而墜落，因謙遜而提昇。

——《聖本篤會規》7：「謙遜」

「我是這麼的微不足道！」

低聲下氣地向人認錯，聽起來不大令人愉快，然而隱修的傳統卻強調，謙遜是豐富我們生活的品德之一；所以我們應該要先自問做過哪些事，以及有哪些不謙遜的地方。

先解釋什麼叫「不謙遜」也許容易些，所以我們就從一位名聲不太好的人開始談起：這個人是狄更斯《塊肉餘生記》裡的尤賴亞．希普，他的口頭禪是「我是這麼的微不足道」——然而他卻是個性格卑劣的人，總是對長上假意奉承，暗地裡則不斷密謀，想要搞垮他的僱主。

他的計謀後來被麥考伯先生拆穿了，自己也得到應有的懲罰；然而，正因為他的形象是如此鮮明、口頭禪是如此令人印象深刻，以至於這句「我是這麼的微不足道」的聲譽也被玷污了。尤賴亞．希普把謙遜變成了假意卑躬的代名詞。當尤賴亞也許只是個諷刺時，還有更多對於謙遜的狡猾曲解，也是我們在尋找其真義時必須要排除的。

首先，人們經常認為，謙遜是被動的表現——當壞事發生時便接受它，毫無怨尤。但這其實是漠不關心和懶散，而非謙遜。第二，謙遜是一種人格特質，有些人具備它、有些人則否。這種看法認為，謙遜與個性安靜或內向有關。從這個角度來看，不是每個人都做得到謙遜。

最後，謙遜也是年長者的特質，特別是年長的婦女。這是受了「善良的老太太」這句慣用語的影響，讓人立即聯想到溫和與膽小的景象。把這些觀點結合在一起，我們就得到了「謙遜是羞怯之人的被動表現」這個定義。

這個定義不僅太過浮面，而且還是錯的，就像某個小故事裡所形容的：護士們擔心醫院裡一位不太說話、看來很消極的老人；看到神父經過，某位護士便請他過去和那位病人說說話。當神父對他說話時，老人中氣十足地回答：「走開，神父，我還沒死呢！」

這個人是安靜、生氣而謙遜的嗎？還是他安靜、生氣但激動？或二者皆非？事實上，光從消極跟安靜這兩個表相，是絕對無法判定謙遜與否的。

除了純粹從人來看，某些團體顯然也建立在謙遜的基礎上。有些文化會要求年輕

人服從長者、女性服從男性，或一個種族服從於另一個種族。然而這種服從不能和謙遜混為一談。在這些文化裡，人們不是謙遜，而是被貶抑。謙遜和被貶抑是兩種截然不同的狀況；被貶抑是種苦難，那既是自己造成的，也是被強迫的；被貶抑令人感到羞愧、被貶抑充滿了破壞性。當成熟的文化開始重視人權價值時，全世界的人都越來越難以接受那種根深柢固的、階級式的貶抑。

從南非的種族隔離政策告終、女權發聲，到社會立法保護青少年和弱勢團體等，這些二十世紀的運動，確實改善了長久以來的壓迫結構，拯救了一度深受其害的人們。當全球都意識到消滅階級的必要性時，也幫助了那些既想獲得謙遜、又擔心遭到貶抑的人們。

謙遜既非某些人的特質，也不是某些團體的強力規範。謙遜是刻意培養出來的生活特質與心態。人們應該追尋它，像追尋天主的禮物那樣，而最後一步，則是全心全意地向天主求得謙遜。

世界以我為中心的誘惑

我們一樣先從字的原始意義開始討論，才能了解它的真意。謙遜（humility）的字根是拉丁文的"humus"，意思是「土壤」或「土地」。由此衍生出一個非常實際的定義：謙遜就是腳踏實地。這也意謂著實際、誠實與真誠。這個字源也把謙遜和「人性」（humanity）連結起來，因為人（human）是「土」做的。智人（*Homo sapiens*）就是大地的一部分，〈創世紀〉對此還有生動、深入的美麗描述。

亞當（Adam）這個名字來自"admah"，是希伯來文「土地」的意思。他是「聰明的[1]」，因為他有知識、懂得為不同的事物命名，並在樂園中挑選美味的水果。但他唯一不能享用的水果，便是智慧樹上的果實。知識表示他具有神性，因為唯有天主才能評斷善與惡。然而，亞當和厄娃（夏娃）向神聖的渴望屈服了，蛇要他們相信，天主說了一個謊：「天主說過，你們不可以吃，也不可摸，免得死亡。」又說：「你

1. 生物學上「人」的學名為「智人」，拉丁文的"*homo*"是「人」，而"*sapiens*"則為「聰明的」，故稱「智人」。

們天吃了這果子，你們的眼就會開了，將如同天主一樣知道善惡。」（〈創世紀〉）這是引誘亞當和厄娃放棄當一個「人」——放棄謙遜和人性——而是當天主。這是驕傲的極端表現。失去謙遜和人性就是他們的墮落：從此失去樂園。

這樣的故事不斷在每個人的生活中上演：人們一面努力於回歸真實，一面抵擋自以為是宇宙神聖中心的誘惑。如果我們檢視人際互動出錯的部分，小從激烈的口角、大至戰爭，通常都是因為不夠謙遜，而且過度的自大。所以這一章要說的謙遜，是我們如何努力地成為一個完整的人，如何對於深植於泥土中、真實自我的渴望，以及如何不被「神聖的自我」這種謊言給欺瞞。

不管時間地點，我們都得面對這人類最基本的挑戰，所以，當我被問及是否相信創世紀的故事，我總是回答：那是我所知最真實的故事。

從A到A⁺的關鍵

美國作家吉姆．科林斯（Jim Collins）寫了一本全世界最暢銷的商業書：《從A

到A⁺》（*From Good io Great*），他在書中回答了一個看似簡單的問題：一間好公司能不能成為最優秀的公司？如果可以，該怎麼做？許多好公司都有一位才華出眾的創辦人，像是華德．迪士尼或亨利．福特。但絕大多數只是好、卻不夠優秀的公司，它們該怎樣成為最優秀的？

科林斯和二十多位研究員組成一個團隊，花了五年的時間、分析了幾近一千五百家的大型公司，想找到這個答案。他們發現，如果你把一塊美金投資在道瓊指數公司，可能在十五年後回收五十六塊美金；但是，如果你把同樣的金額，投資在那些將從A到A⁺的上市公司，就可能賺到四七〇塊美金。在這些從A到A⁺的公司裡，研究員們究竟發現了哪些成長的共同特質呢？

他們發現的跟原本預期的不同。以金百利克拉克公司[2]來說，一九七一年時，它還是一家傳統的紙品公司，股價也降到二十年來最低。同年，一個名叫史密斯的執行長、一位溫和的獨立律師接手了這間公司。接下來二十年，他將公司轉型成世界數一數二的紙品製造公司，「舒潔」便是它的知名品牌之一，公司的股價也翻了四倍。一

2. Kimberly-Clark，著名的嬰幼兒、女性護理、家庭用紙等產品製造商。

位採訪史密斯的記者，請他描述一下自己的管理風格；他有些尷尬地沉默了一會兒，簡潔地回答：「和一般所想的不一樣。」他雖然是一個不擅言詞、非本業出身的執行長，然而他也是一位堅定、對公司充滿遠景的人。

研究員們發現，一間有幸從A到A^{+}的公司，關鍵就在於是否有一位「在極其專業的意志下，結合了極其謙遜性格」的執行長。這與一般人認為「優秀執行長」應該是魄力十足、專制、堅決而無情的想像大不相同。異於尋常、個性強悍的拯救者，並非幫助公司從A到A^{+}的良方：謙遜才是。

除了謙遜，堅強的意志和野心也一樣重要——不是為了一己之私的野心，而是為了公司。謙遜中蘊含了真正的力量，而要做到謙遜則需要極大的心靈資源。一個謙遜的人必須學會控制自己的情緒，並懂得激發其他人的良善意志，吸引他們投入從A到A^{+}的計畫裡；如此一來，從A到A^{+}的想法就會聚集眾人的能量，而非招致他們的怨忿。

我曾有幸拜訪以這種方式創立事業的人：他的辦公室大小適中，中間是一張圍有椅子的圓桌，桌上空無一物。側櫃上有一具電話、一些書、照片，以及公司產品的樣本。牆上有一些藝術品真跡。這就是一間權威企業的總部。經營者告訴我，他在這裡可以思考、聆聽經理們的意見，並與其他人會面；這是一個寬敞、平和，而且專注的空間。這是謙遜的靈魂求取成功的明確展現；我從未見過比它更像聖殿的地方了。

真正優秀的企業核心裡，沒有忙忙碌碌，只看得到謙遜與堅決。比起其他行業，商業界更像是將謙遜視為債務，而非資產的地方。然而，科林斯及其團隊的研究卻顯示並非如此，他們證明了，謙遜是一位有野心的執行長必須具備的特質。一旦我們確立了謙遜對現代社會的價值後，就可以來看看在隱修慣例中，我們該如何落實這個重要的人類特質。

通往謙遜的十二級階梯

曠野教父和教母們，自然也有一些與此相關的故事。曠野教母提阿多拉（Theodora）講過一位能夠驅趕魔鬼的隱士的故事。

她問魔鬼：「是什麼把你們從這位神聖的隱士身邊驅離？是因為他禁食嗎？」

魔鬼們回答：「我們無須吃喝。」「那是因為他徹夜祈禱嗎？」「我們無須睡眠。」魔鬼又回答。「或是他與世隔離？」「當然不是；我們自己就住在荒蕪的沙漠裡。」魔鬼們說。

提阿多拉又問：「那是什麼力量將你們驅離的？」結果，魔鬼們回答：「別無其他，唯有謙遜。」

不論是吉姆．科林斯，或是一千五百年前的沙漠隱修者，都在告訴我們謙遜獨一無二的力量，以及它是如何趕走侵擾人心的魔鬼、並領引我們變得更好、更優秀。在《聖本篤會規》中，聖本篤將謙遜視為隱修生活的核心。在他談完各種不同的隱修者，以及如何選拔院長的篇章後，聖本篤提出隱修生活的三個關鍵特質說明他的教訓：服從、靜默與謙遜。我們已經探討過前二者，現在則是最後一個。聖本篤以「梯子」的形象，解釋謙遜在生命中的運作方式：在這座梯子上，「我們因得意而墜落，因謙遜而提昇」。梯子就是我們的生活，如果我們以謙遜的心行事，就可以登上極樂之地。

梯子的一側是我們的身體，另一側是我們的靈魂，謙遜就是那些踏板，是我們爬上梯子的憑藉；梯子有十二級，最頂端是「完全之愛」——一個只有德行之樂而無恐懼的地方。梯子的頂端令人著迷，但以現代的角度觀之，聖本篤這十二個步驟卻讓人感到艱難無比。它們不只是聖本篤的精神產物，同時也是他的修養；所以對於現代人來說，這些要求有時候是很令人厭煩的。但《修院生活》中的五位男士就是在學習攀爬它；他們的行為其實也說明了，現代人能從這樣嚴格的教誨中學到多少東西。

「敬畏天主」是謙遜的第一級——不是恐懼，而是敬畏。倘若我們對人生少了一點奇妙的敬畏之心，就沒辦法邁出踏上階梯的第一步。除了體驗敬畏，聖本篤還希望修士做到「唯恐遺忘」；我們必須記住生活是什麼，並且不要只是想逃避它。將這樣的敬畏牢記在心中，我們就能更謹慎地看待生活，並把生活當成一項意義深遠的任務。

如果要謹慎地看待生活，幽默感就不可或缺——這麼說好像很不合理，但需要幽默以對的應該是我們的愚行，而非生活本身。換個說法，如果生活本身是嚴肅的，那麼，我們大部分時候的膚淺生活就像玩笑了。

有些現代觀點似乎暗示著完全相反的邏輯：不顧一切地追求個人享樂，卻以輕佻

的態度看待生活本身。這是不需要耗費腦力的「性、毒品與搖滾樂」快樂主義：人生是輕鬆的，我們要致力去除生活中的荒謬。

但是，如果我們能正視生活中嚴肅的那一面，並笑看自己的愚行，就能邁出腳步、踏上謙遜之梯的第一階。對於節目中的五位男士，僅僅四十天的避靜生活就讓他們登上了第一階，也是因為受到認真的企圖心與幽默感所驅使，才能有這麼驚人的精神進步。

謙遜的第二級「是不愛私意，也不喜歡滿足自己的欲望」。這種說法聽來很奇怪，因為「表達自我」正是現代文明的主流觀點。做你想做的事、表達自己的優點以證明自己……有許多現代的、精神上的事務，也被視為這點的延伸。

人心充滿了欲望，某些欲望甚至彼此對立，謙遜的第二級就是要我們認清：一直以來，我們都在追求享樂。認清這點，這些欲望才有終結的一天。一意孤行的人既不受歡迎，也不會快樂，接受事實才會為生活帶來真正的歡愉，而非滿足自己的欲望——接受其他人也有需求的事實、接受某些事物原本面貌的事實。

接受這些事實才有真正的平和，只是這種「接受」的態度沒有那麼容易養成：我們必須學習在欲望和行動之間、念頭與行為之間稍作暫停，好讓其他元素能進入這個平衡中。

舉例來說，我餓了，所以我吃東西。但如果我學習在吃之前稍作等待——修習稱之為禁食——那麼，從欲望到行動的過程就會慢下來。這種行之有年的宗教修習，還有許多值得稱讚的地方，但我現在僅拿它當作一個例子，說明我們在回應欲望之前，可以再思考、多想一會兒。

利用滿足飲食需要前的稍作停頓，我們學到了克制自己的欲望。欲望顯然會一直存在，我們也不必期待它們有天會消失；我們可以做的是，讓私欲以外的理由指引我們的行動。貪吃與貪婪、肉慾與虛榮、渴望和憤怒——這些欲望和心靈的其他欲望，永遠會是生活的一部分，卻不是不能抑制的；做選擇時，只要我們越延遲對它們的回應，就越有機會思考其他事情。

邁入謙遜的第三級時，聖本篤向所有的影響力敞開靈魂。當我們學會延遲對渴望的回應時，就可以讓這些影響力指引我們的決定。在這一級，「為愛天主，效法吾主耶穌，絕對聽命，服從長上。」

我們在上一章提過了，這不是軍隊為了運作順利而要求的軍事化服從，而是一個家或一個團體為了凝聚愛而需索的聽命。這是摒除欲望的實際作法，也是自由的表現。

謙遜的第四級，在於揭露前一級所嘉惠的對象：不僅是家庭及團體，還包括了順從的那個人。「**在服從時遇到艱難拂逆，或任何冤枉時，都能平心靜氣，**」最後這幾個字的源頭是拉丁文的*"patientiam"*[3]，因此我將它譯為「平心靜氣」。謙遜與平心靜氣有關，能夠提供個人成長一個很好的機會。平心靜氣和忍受（tolerance）不同，因為有些事情是不該忍受的；然而，每一件事都需要你平心靜氣：太快的回應甚少會有幫助，即使在危機中也一樣。但平心靜氣也不是對我們所憎恨的事物逆來順受或咬牙苦撐——那叫忍耐。平心靜氣比較微妙，它是在嘗試著順從和關愛他人的困難裡，仍試圖積極以對。

平心靜氣確實也是在承擔痛苦，但卻是一種出於愛而承擔的痛苦。五位男士在《修院生活》中所體驗到的衝突和爭執，便是人們在邁入第四級時的掙扎。安東尼在某次爭執後，幾乎準備打道回府，但他在最後一刻改變心意——這是攀上謙遜之梯第四級的一大步。他選擇平心靜氣順從這個團體，而非「離開此地」的欲求。

謙遜的第五級「**是將進入心中的惡念或暗中所犯的過失，謙遜地向會父述說，毫不隱瞞**」。這被稱為「對自己徹底的坦誠」，也是隱修傳統的重要特色之一。在《修院生活》中，五位男士是藉著和修院教師及成員的多次交談，展開這個步驟的。坦誠幫助他們成長，而且學習效率驚人；這些交談對他們的誠實產生重大的影響，也幫助這幾個人繼續向前。

這些對談就像一種心理療法，而兩者也確實有一些相同之處。但我要提醒各位，這裡著重的不是一個人的心理狀況，而是有罪的想法或錯誤行為。心理諮詢不在於評斷，療法旨在探究一個人的過去；而謙遜地承認錯誤，則是個人對現有行為的論斷。就像你有一個地方可以做心理諮詢和治療，也應該有一個地方可以告解、坦白一樣。這聽起來好像在鼓勵犯罪和消極的態度，然而有趣的是，能誠實面對生活中的負面部

3. 即「耐心」（patience）。語出〈路加福音〉（18:7）的拉丁文版本。原文為“*Deus autem non faciet vindictam electorum suorum clamantium ad se die ac nocte et patientiam habebit in illis?*”，天主教《聖經》譯為「天主所召選的人，日夜呼籲他，他豈能不給他們伸冤，而還延俯聽他們嗎？」基督教《聖經》譯為「神的選民、晝夜呼籲他、他縱然為他們忍了多時、豈不終久給他伸冤麼。」

分，會是一個很正面的經驗——因為它讓光明照進黑暗裡。以我身為神父的經驗，就是千萬不要讓人充滿罪惡感，而是接納他們所犯下的錯誤、幫助他們從罪惡感中解脫，並往前邁進。

曠野教父明白，正是因為人們不願向人坦誠自己的過錯，才給了魔鬼把他們留在邪惡之域的大好機會。「再也沒有比有人將他的妄想留在隱祕之地，更讓魔鬼開心的。」這是曠野隱修的名言。

這樣的坦白需要好的聆聽和明智的指引，這也說明了為何聖本篤如此重視院長的人選；因為聖本篤認為院長必須具備這些條件。顯然，其他人可能也很有效率，但所有的照拂工作必須交給值得信賴的人。對一名修士來說，這種坦承邪念與罪行的隱修慣例，是天主教告解傳統的根基之一。

在上一級「徹底的自我坦誠」中，可照見接下來三級，且讓一切顯得更合理。第六、七、八級都和自謙有關，而我們必須把自謙視為自我坦誠的一部分；若把它視為強加於己身的謙遜，不但沒有意義，甚至是危險的。反過來說，若視之為個人誠實的延續，意義就大不相同了。

第六級是「**一個修道人，對於任何東西，總以用最簡陋粗劣者為滿足。無論派給他任何工作，他常看自己是個無用、不相配的工人**」。「無用」和「不相配」不是「毫無價值」，而比較像是「價值較低」。然而這裡想強調的是「知足」：隨遇而安的能力，反映的是高貴的自我認知，即使時不我與，謙遜的人也能過得快樂而豐盛。

第七級「**是他看自己比任何人都卑賤無用，不僅在口頭上這麼說，也是內心真正的感受**」。要注意，這裡強調的是內心的承認。我讀過一本講述維多利亞時期良好行為的指南書，其中有一節正好呼應了這一級。這節的名稱為「不正確的謙遜」，說明了為什麼有些人會以這樣的句子展開對話：「唔，我的確不是專家，不過在我看來……」或是「像我這樣一個大老粗，不知道該不該說說我的看法……」

這些開場話都是「不正確的」，因為這不是真的謙遜；一如聖本篤所說的，如此發言者只是「口頭上這麼說」。如果發言者真的信服自己的開場白，他會保持沉默。相反的，這樣的發言者只是希望爭取你的認同：假裝自己卑賤無用，然後希望從你口中聽到：「別這麼說，先生，您過謙了；您說的可真是至理明言啊！」他的真正用意是——肯定他的意見事實上才是正確的。這種「不正確的」謙遜，就是第七級的主要敵人。

第八級是「**一個修道人除了遵循會院的公規和效法前輩的芳表外，不敢擅自行事**」。對現代人來說，這聽起來可怕極了，簡直就在製造停滯與壓迫，任何一個有創造力的年輕人，都不會接受它成為生活的一部分。

有位越南的佛教住持在一九六〇年代訪問美國時，就直接遇上了這樣的文化撞擊。有人問，他是如何教導那些前來請求他指導啟蒙的外國學生，他回答：「我要他們泡茶。」

不知為什麼，我們都必須走到這樣一個臨界點上：明明知道性靈的學習得深入我們的靈魂，卻還是想要抵抗。我們心中的亞當和厄娃都想控制我們、也都想知道良善與邪惡的道理；我們比較想以自己的條件與方式來學，然而靈性生活卻不像泡茶、祈禱和聽長者之言那麼簡單，也不像找條路把你放下那麼簡單，而是得幫助你脫離固執與任性，走向聆聽天主的新生活。

從另一個角度解釋本級，則是從你上級的觀點來看。他們在這個位置得承擔重任，不僅要以正確的方式要求整個團隊，還得全心全意地投入；一個優秀的團隊，會要求所有成員遵循共同約定的規範。

第九、十和十一級，皆在討論約束言詞，以及在我們了解隱修傳統對靜默的要求後，聖本篤也在這幾個階段中說明，靜默的力量是如何貫穿第八級所描摹的團體生活。

在家庭及團體生活中，人們花太多時間和精神抱怨「管理」、對各種情況發牢騷，並惡意地造謠生事。聖本篤厭惡抱怨，也禁絕上述各種惡習：「總之，該特別注意的是千萬不可抱怨。」他如此說。

聖本篤也不喜歡某些笑聲。他知道人們會陷入某種嬉鬧的行為模式裡，然而那並非自我貶損的、能溫和地幫助人生不斷前進的幽默感，而是會引惹惡行及以強凌弱的粗野玩笑。這些在正常的家庭、團隊或工作場合中，都不應該存在。

走過這些梯級，我們現在已爬到梯子的最頂端了。修士獲得謙遜的第十二個梯級，必須證明「**不但內心謙遜，同時在外表也經常顯露謙遜**」。這可以統稱為美德，亦即外在與內在合一、不再有心靈和肉體間的矛盾衝突。謙遜之人就是因為他們統合了內、外在的態度。

這個態度是什麼？老實說，它既不引人注目，也不神奇，僅僅只是領悟：「主啊，我是罪人。」也就是聖本篤以稅吏和法利塞人的故事為例所得出的結論。

在聖本篤之梯頂端的人，必須藉由「貶抑」而上升：梯子的頂端，其實就是要你始終牢記自己的過錯。在最高的梯級上，牢記自己的過錯正是修士喜樂的來源，因為這提醒了他天主的慈悲，以及天主對他的摯愛；他和每個人一樣會犯錯，但是他之所以與其他人不同，是因為他能深切明白自己的過失、不遷怒他人，並以感謝的心情時時讚美天主的慈愛。爬上梯頂，他才真正回到「實際」這個地面，所以才稱為「藉著自我貶抑而上升」。

從許多方面來說，藉著自我貶抑而上升說明了東尼在《修院生活》最後一個階段的體驗——並不是信仰上「回歸地面」的那種宗教式的欣喜。

前面幾個星期，他要自己逐步爬上謙遜之梯，更接近自己的本性，並遠離過去那些足以貶抑本性的事。在渥斯隱修院的最後幾天，也是他和導師相處的最後一段日子裡，他開始思考回家後到底要做什麼；在一次感恩祈禱時，他登上了謙遜之梯的頂端，然後回歸真正的自我，心中充滿喜樂。

東尼重複這些步驟，快樂地回到地面；隨著時間過去，每一個星期都更接近自我，同時在天主的慈愛中重新找到人的良善本性。他以真正的美德，脫離了原來的生活方式，並以自身的謙遜和堅定的意念，繼續朝新生活邁進。

第五步

團體：心裡多一點別人

所以，論尊敬要彼此爭先，
以最大的耐心，擔待彼此身心上的軟弱。

——《聖本篤會規》72：〈會士們應有的熱心〉

現在，先檢視一下聖殿目前的施工情形。我曾建議由「品德」之門進入聖殿，然後將靜默及默觀鋪於地面；地面之上，我們可以搭建起聆聽天主的能力。

在第三步〈服從：誠實面對自己〉的尾聲，我們談到了如何透過某些特質，以進入庇護之所；為了回答這個問題，我們爬上謙遜之梯、來到頂端。

這就是庇護之所，聖本篤認為在這個地方可以無恐無懼、全心愛主。所以我們現在就來看看，從他對團體的觀點，他是如何讓全心愛主成為可能的。

「你」被歸類到哪個團體？

一個概念要是遭到政客濫用，就會變得很麻煩，而團體這個概念剛好就是其中之一。人們輕易地聲稱自己屬於某某團體，也是這個時代獨特的現象。舉例來說，不久前，報紙上提到了政客口中的某些團體：騎自行車的人們是「自行車團體」，間諜和情報首腦是「情報團體」，而同樣種族背景的人則是「黑人團體」「白人團體」等等。不可否認，團體裡的成員確實有他們的共通點：騎自行車的、暗中偵查的或種族等；

然而究竟是什麼原因，讓這些實際上迥然不同的一群人成為一個團體？我第一次遭遇這個空前發達的團體概念，是當資訊顧問問起我們是如何管理「敝團體的資料庫」的時候。我不明白他的意思，於是他解釋說，那是指我們資料庫中所有成員的詳細資料；看來，現在只要姓名和住址被存在同一顆電腦硬碟上，就會屬於一個團體了。

住在同一區裡的鄰居街坊，通常也被稱作「在地團體」，但他們只不過是分享相同的郵遞區號，而非相同的生活。問題出在「團體」至少有兩種不同的意思，但人們偏好取自己喜歡的那一個意思，即便它應該要作另一個意思解釋的情況下。

再舉個例子，當某人買了自行車，他便隸屬於某個團體：因為他們之間有共通點。但是，當某人加入自行車俱樂部時，屬於某個團體的前提又不同了：他是特地加入了一群和自己擁有同樣興趣的人。人們通常以為自己屬於後者，但事實上卻是前者——我只不過買了一輛自行車，就可以聲稱我屬於某個團體，卻不必與他人有進一步的互動。這樣的團體還真的是口惠而實不至。

這是因為人們總是先看到自己、覺得自己最重要，彷彿「我」是獨立的個體，只以特定的方式與其他人連結。於是，我們這些獨立自主的個體精挑細選，只加入少數

幾種特定的組織，像是運動俱樂部等。除了這些，大多數人選擇只在家庭、朋友和同事等小圈子裡打轉，加入大型團體的人則越來越少。政黨和商業工會的同志情誼不復以往，讓位給了精簡的政治或社會互助聯盟；而教會的情誼則不敵個人對精神安適的嚮往。鄰里間也早已依靠地區調解組織來解決紛爭，代替里仁為美的信念。

在六〇和七〇年代，當某些新的團體如雨後春筍般地出現時，也有許多互助團體正逐漸沒落；在現今的英國，大多數三十歲以下的人都不加入政黨、不上教堂，也不參與慈善活動。許多年輕人甚至對選舉毫不在意。

二〇〇五年，MTV 做了一份市場調查，名為：「這真的是最『我』的時代？」這份報告顯示，精巧的電子儀器越來越多，已經讓這一代接觸機器的時間遠多於接觸其他人；在人們可以懂得更多、煩憂卻不見減少時，地球村的光芒正在逐漸消褪。這些高消費的族群年輕又充滿自信，卻寧願從購買奢侈品中印證自己的尊嚴，而非依賴累積智慧的枯燥過程。

人們越來越在意自己的遭遇，而非其他人的；甚至可以說，這份報告提醒了我，我們是如何面臨一個「我就是自己的聖殿」的險境。所以我們得想一想聖本篤提了什麼建議，協助人們脫離「自我的聖殿」這條走不通的死巷，以及如何建立一個四通八達的、真正的團體。

僕人也要學如何在團體裡生活

尋求「自我的聖殿」這股趨勢，不僅存在於追求靈性生命的心靈中，同時也存在於使用電子儀器的人心中。

在最近一次渥斯會眾與戚瑟斯特佛法道場比丘們的對話中，我們提到了團體的共同生活。道場住持說，有為數可觀的人們來找他，希望能夠獨居；他們並不想和其他比丘同住，只想立即展開獨居生活。他向這些人指出，佛陀有許多關於群體生活以及如何與人共處的領悟。

聖本篤本身似乎也對隱居生活有類似的熱誠：他在學生時期離開羅馬，到羅馬東部山區的一座山洞裡隱修，追尋天主。雖然會規允許修士們過著隱士般的獨居生活，卻只針對那些「曾在修院中受了長期的訓練，已超越修道生活的初步熱忱的人」（《聖

本篤會規》1:3）——聖本篤似乎從自己年輕時的過錯中學到了教訓。

當我們努力地想達成純淨心靈這個偉大的隱修目標時，與他人的互動可以讓我們學到更多關於自己的事。唯有當我們學到這些事情，才可以「只靠天主恩寵的助佑，便能單槍匹馬地攻打情慾和惡念」。

本篤會的修士或修女在立誓願時，並非如一般人想像的傳統誓願那樣，信守神貧、貞潔和服從；這些是其他會派的誓願，像是成立於中世紀、稍晚於聖本篤七百年的聖方濟會。聖本篤要修士們立下的誓願為服從、恆心，以及非常難以翻譯的拉丁字“*Conversatio morum*[1]”。把最後這一項解釋為“*conversio*”會比較容易理解，也就是“conversion”（皈依）。

但有現代學者認為，這並非聖本篤的本意。如果你在字典上查“conversation”（交談）這個字，就會發現它和“*conversatio*”有點關連：“*conversation*”最主要和最古老的意思是「與某人共居」，而第二個，也是現在使用最頻繁的意思，則是「和某個人說話」。

所以，本篤會的誓願也就是尋求與他人共居（特別是其他修士），而所謂的隱修生活，則包含「共有」及「獨身」。

想不到本篤會的三個誓願，都和團體生活有關吧？本篤會修士承諾在隱修生活中服從、保持恆心，以及與他人共居。有些歷史學家認為，聖本篤視這三個誓願為一個誓願：亦即對隱修團體的終生服從。不論是否如此，這個誓願顯然有三個層面的意義；其中的服從，我們已經在第三步談過了。讓我們來看看其他兩個誓願。

本篤會的恆心願在於幫助修士避免「坐這山看那山、吃碗內望碗外」的誘惑。談到不同類型的修士時，聖本篤對於「從這一省到那一省，在不同的會院，每處作客三四天」的「漂泊修士」（gyrovagues）特別不認同；他認為這些人是「放縱情慾，只圖口腹之樂」（《聖本篤會規》1:11）。

聖本篤很清楚，一個人不一定要固守在某個地點，但一定要在一個穩定的團體中，才能培養精神生活。他對靈性的觀察是以與他人互動的經驗為核心，這點在會規中也俯拾皆是；因為他知道，這足洞察靈性時最困難的一部分。

最早的會規可能比今天的版本還短一些，而他後來增加的章節，全都在討論團體

1. 忠於隱修生活；亦譯為「進德願」：修士立志改善自己的德行。

關係，與祈禱的困難、更辛勤的修習，或是管理修院及其飲食都無關；對他來說，這些都不是修士們在落實會規時最重要的挑戰，主要的困難應該就是會規第二版中、新增章節裡的大量細節。

最後新增的這個部分，全部和團體生活有關：被要求做不可能的事情時該如何回應，關於不僅要對會父表示聽命、弟兄間也能彼此服從；最後以他的一句話總結：「彼此爭先服從；不要只求自己的利益，但也該求別人的利益；彼此以純潔的手足之情相敬相愛；敬畏天主；真誠而謙遜的敬愛會父；愛基督於萬有之上。願祂引領我們眾人，一齊到達永生。」（《聖本篤會規》72:8-12）。我們不一定會一齊來到樂土，但在到達永生的本篤會旅程中，是沒有個人分別的。

對聖本篤來說，和其他人單純地走在同一條道路上，就是精神生活中最重要的一環，而恆心願也就是以一生參與一個特定團體的誓約。其他的本篤會誓願也與此有密切的關聯。我們已經提過，「進德願」代表共住之意，而英文的"conversation"（交談）即衍生自這個字；如果有恆心地共同生活是關鍵的一步，那麼和共居的人們交談就是其中最重要的一部分了。

交談對真正的團體來說有其必要性，即便聖本篤要求以靜默為生活背景，真誠、深刻的交談依舊是靈性生活所不可或缺的。一如我們在〈謙遜：通往謙遜的十二級階梯〉這一步裡所見，聖本篤很嚴謹地看待無益的閒話，但也在同一章，他相當清楚有益言談的必要。

有益的交談，或膚淺的對話

不論是幫助人們處理婚姻危機或是工作糾紛，我發現有益的交談幾乎和維持人與團體的關係一樣重要。生活中的繁忙會令人們忘了直接與配偶或同事溝通重要的事情；淺顯的事總是比較容易談。人們覺得，描述心裡發生了什麼事總是特別困難，而在心中建立一個能夠表達自己的安全地帶也很重要。

我在擔任學校校長時，在每次管理部門會議結束前，都會留五分鐘的時間，讓大家說說對這次會議的感想。這時候沒有討論事項，只有一連串與會者發表的看法：你必須在眾人面前表達對這次會議的感想，而非在會後批評。「當你打斷我的話時，我

覺得很困擾……」「我真的很感謝整組人像這樣幫我釐清提案……」、「我對那份財務報告感到失望。」身為一個完整的人，在必要時願意說出心中難言的感受，然後繼續前進——例如上述這些例子——能幫助我們確認眾人在團體工作中更真切的感受。

有益的對話需要的不僅是良好的說話技巧，還要有好的聆聽。所以，「禁止開口」（聖本篤在靜默部分提到的）是有益言談的必然結果——而非相反。這是真正的團體生活，也是人們想變好的必要條件。一個團體願意召開一連串促進有益言談的會議，能讓人們願意敞開心胸，進而做到最好。

在我們執行的「敞開的修道院」（渥斯的隱修計畫）方案中，有一個「靈魂健身中心」。這個案子包含了為「英國金融總署」（Financial Services Authority）寫的「廉正的實踐」，以及為經理們舉辦的「風紀座談會」。其中一個研討會的與會者，是某公司在歐洲的管理者，其成員正在尋求更好的共事方式。

座談會中，我們提供了幾個簡單的建議：要求你的同事，也讓你的同事要求你。我們請他們花些時間思考，並將他們希望別人應該做到（或不應該做）的事，以及他們認為能夠提升自己的辦法寫下來。於是，經理們的反應是：「請各地區的經理們多提供想法，讓我們能更了解彼此；而在和總部交涉時，我將表現得更積極些。」這個簡單的辦法，使得與會者展開了一場新穎而深入的對話，更重要的是配合度更高的職場未來。

這個例子說明的是，有益的對談雖然不易捉摸，但得到它的方式其實很簡單——人們只需要更有勇氣地表達出他們的個性而已。

聖本篤想建立一個人們可以在其中表現自己個性的團體，而非個人主義。個人主義只是我行我素、忽略其他人；個性則是以你獨特的貢獻影響團體生活，即使那是他人難以接受的貢獻，例如批評。聖本篤在〈召集弟兄們開會〉這一章中，非常鼓勵這裡所謂的「有益的交談」。他在這一章說到，「我們所以主張必須召集所有的人來開會，是因為上主往往把那最好的，啟示給年紀最輕的人。」每一個人，即使是最年幼的，也應該鼓勵他們有所奉獻。

現代社會裡，已經看得到有人開始特意地以一些新方法，推展類似這樣的團體生活，這真是令人精神為之一振的現象。讀書會最近再度受到大眾的青睞，小型的團體讓人們有更多機會分享有益的對話；業餘運動俱樂部的數量不斷增加，而運動也不僅

是他們的唯一目的。

例如伍斯特慢跑俱樂部（Worcester Joggers）就自豪地宣稱：「我們絕不讓任何人落在後頭」，他們會往回跑接那些落後的人。這個俱樂部的成員之一，彼得．吉爾勃特，過去擔任社會服務的指導人，曾在心理保健期刊上發表過一篇在這個俱樂部的經驗談。他相信跑步時人人平等，而這個俱樂部有如一個大家庭，每個人會彼此分享跑步的經驗和想法、成績和失落。這再一次說明了，有益的交談只發生在當人們決定以此為前提，並以單純的方式落實它的時候。

這樣的前提與單純的方式，正是聖本篤在他的會規中想要表達的。他為他的團體建立了一套特殊的做事方法；他很樂見其他院長修改這些安排直到妥適，但做事方法一定要是眾人一致同意的。

沒有一致同意的辦法，就不可能有良好的對話：鼓勵有益的對話能維護團體生活，而設立規範則能確保對話確實是有益的。人們知道可以期待什麼，以及別人對他們的期待又是什麼；所以，恆心願及對話設定了人們對團體生活的特定期待，而他們也將因此維護高水準的、有益的對話。我們現在就來看看，會規是如何維護這些期待的。

有對話才有共識，有共識才設規範

對聖本篤來說，隱修生活就是遵循規範以及院長的指示；「規範」描述的是一種整體的生活方式，既不是單一的指令，也與現今社會的定義不同。想了解規範在團體生活中所扮演的角色，就一定要知道——聖巴高謨[2]。這些修士原本全是隱士，生活在一個非常鬆散的團體裡，遙遠地彼此扶持；一如往常，有些年輕人來到埃及的沙漠，向聖巴高謨求教隱修的方式。

聖巴高謨邀請他們同住，想以身作則。他按時進行每天的雜務、虔誠地祈禱，同時招待這些新來的弟兄們。他心想，這些新來的人遲早會熟悉這一切，並更積極地參與。

當這些人只是樂於見到他擔下所有的粗活兒時，他是多麼的失望。他們甚至開始

2. Pachomius，埃及人，古代集體隱修制的創始人，所訂立的隱修規則是現存最早的一部。

欺負他，並利用他外表上的羞怯。他容忍這些行為好多年，期盼他的謙遜能喚醒他們、改變他們；然而他們只是更加地得寸進尺，濫用他的仁慈。幾年後，他們變得瞧不起聖巴高謨了。

聖巴高謨最後終於明白，事情必須有所改變，於是他清楚地表明，他們的生活應該要遵循哪些方向。他明白地說出修士應如何生活，並為團體生活首次建立了隱修規範。聖巴高謨稱他的團體為"*koinonia*"，一個在《聖經》裡用來指稱早期基督團體的希臘字。這個字不容易翻譯，然而它的言外之意是指大型群體成員間的溫暖情誼。廣義來說，它意味著有益的對話，有時也被翻譯成英文的"communion"（共融），像是「和他人交流」或「與大自然交流」。聖巴高謨過世時，「共融」的隱修生活在埃及已隨處可見，有些隱修院甚至容納數百名修士。

在跟從其他的隱修師傅學習的過程中，這種共融的隱修生活啟發了年輕的聖本篤；他看見了，如果隱修生活要開花結果，就必須清楚說明隱修生活的架構，所以他堅持修士們的生活應該「遵守會規，隸屬會父管轄」（《聖本篤會規》1:2）。

聖巴高謨這個故事，看來似乎與我們沒有什麼關連；但一如謙遜，一則有關團體的現代研究，竟出乎意料地呼應了古人的隱修智慧。

成員包括一位心理學家、一名治療師和一位社會工作者的英國研究團隊注意到，一對一的人際關係和家庭關係都有許多研究，但有關大型組織關係的研究卻相當稀少。於是，他們在一九八〇年代組織了一個大型團體（定義為二十人以上），接下來便是記錄它在數年間的反應及發展。

他們觀察到，眾人在起初的禮尚往來後，第一個爆發的情緒反應就是「恨意」。家庭生活讓人們學會如何在一對一及小群體裡做出反應，但沒有人學過在大型群體中的應對技巧。所以，這些參與者在人數眾多的團體前感到無力，並把這種沮喪轉移為對特定人士和整個團體的憎恨。

到這個階段，人們開始討論自己所不滿的部分，進而從這些坦白的對話中，出現了一些大家都同意奉行的約定，好讓組織能夠繼續運作。如此執行幾年下來，他們成功地創造出自己的文化與規範，成員們也能夠和諧地共事。他們所建立的，正是我稍早所說的「有益言談的會議」。

更詳細地檢視他們的研究，顯示了第一個階段——恨意——完全是自私而無心的

行為：人們彼此口出惡語。唯有當人們以超越自己的角度、對一切付出更多關注，才可以脫離這個階段；接著他們才能理性地創造屬於自己的新文化，進而自由地發展其共同精神。

這些研究人員稱最後這個階段為"*koinonia*"；他們只知道這個字曾出現在《聖經》上，用來形容早期的教會，卻不知道第一個基督隱修團體也是以這個字為名的。他們的團體由恨意邁向了對話，接著建立了明確的文化，這個過程和聖巴高謨建立的第一個"*koinonia*"毫無二致。

投入團體，穩固聖殿

來到渥斯隱修院避靜的五位男士，也經歷了上述的過程，特別是口角；有些口角極為火爆，其中一個還幾乎引發肢體衝突。有些觀眾告訴我們，這個節目不應該淪落到「老大哥[3]」這種層次，而我的回應是：早在電視節目出現之前，聖本篤就很清楚團體中的暴力衝突現象；事實上，他還寫了一章〈不可隨意處罰他人〉（《聖本篤會規》70）。想必是修道院確實存在著修士互相攻擊的行為，所以聖本篤才需要指出其錯誤之處。

解決這些衝突的過程，顯示了安寧（tranquility）與平和（peace）之間的不同。在〈默觀：真心誠意地祈禱〉一步裡，我們發現莊嚴的祈禱會領引我們進入最初的安寧，但也會很快地走向為獲取平和而不斷掙扎的地步。包括上述古代及現代的兩個例子，都說明了這種現象是如何在人際關係中運作的。

人們是以公平與尊敬為出發點，尋求人際關係中的平和；這種個人推行的公平原則遍及現今的家庭、街坊，甚至全球。所以，舉例來說，街坊中如果存在著種族歧視，就不會有所謂的平和。今天，我們推動和平的最大考驗，是如何因應他人的不公平之舉。我們不但應該公平以待之，同時還要心懷悲憫；唯有如此，我們才能建立真正的平和。

仇恨敵人並不會帶來平和。我們必須抵抗不公平的事，但建立平和的首要條件，

3. Big Brother，真人實境節目名稱。一群人住在一座大屋裡，不論吃飯、睡覺、互動等，都有攝影機二十四小時跟拍，每週由觀眾投票決定誰必須離開，最後留下的表示最受歡迎，有獎金可拿。

就是切勿仇恨那些破壞和平之人。這是不尋常的要求，但許多二十世紀的宗教領袖為我們樹立了良好的典範：甘地、馬丁．路德．金和他們鼓吹的非暴力抵抗運動，全都非常傑出。

這個愛敵人的重任，需要有更成熟的心靈，而這則有賴於日復一日、對精神的訓練。對聖本篤來說，團體生活最大的阻礙是喃喃的抱怨與牢騷；他允許修士們向負責人指出錯處，這從會規中的〈弟兄們如果被命做不可能的事應如何反應〉章節裡可以看出。然而合理的訴願與發牢騷不同，後者是仇恨的變體，並涉及破壞性的言詞。「總之，」聖本篤說，「該特別注意的是千萬不可抱怨。」（《聖本篤會規》40:9）。

牢騷是有益言談的對立面；它同時否定了「進德願」，因此被嚴格禁止。院長時常諄諄告誡，以確保抱怨無立足之地，因為那會成為牢騷的溫床。如果教宗額我略一世[4]所記述的聖本篤生平事蹟皆為可信，想必聖本篤很早就知道牢騷的破壞力。

有個故事是這麼說的：一群修士邀請聖本篤擔任他們的院長，他們早已耳聞聖本篤的不凡之處，於是要求他來領導他們。不過，這些人是一群非常散漫的修士，他們沒想到聖本篤是如此嚴謹的一個人，後來便想擺脫他。他們在聖本篤飲用的聖杯裡下

毒。握著聖杯時，聖本篤祝福它，就在那一刻聖杯粉碎了，毒酒灑了一地，聖本篤因此保住了性命。

這個傳聞有一些令人震驚的事實：原本心懷善意的修士們，竟在團體生活中執迷於陰謀詭計，並策畫了一場謀殺；而聖本篤自惡行中生還，依靠的不是咀咒，而是祝福。

從故事裡惡意的牢騷與神聖的祝福中，可以看出聖本篤撫育其團體的態度；他知道人們並不會刻意向團體生活挑釁，因此院長「應該憎恨罪惡，愛護弟兄。」（《聖本篤會規》64:11）。一切阻礙都能以愛和紀律跨越。

至於在《修院生活》中化解衝突的五個人，則學到了許多在團體中共事的態度：蓋瑞不像過去那樣衝動，安東尼也稍稍放下了防禦心；兩人都學會如何當一個調解者。控制得宜的話，衝突時刻對涉入其中的人也是一種學習。不過現場一定要有護衛者，確保每個人的安全，這也是〈不可隨意處罰他人〉一章之所以重要的緣故。

團體不僅塑造它的成員，也要保護它的成員——塑造他們互為一體的自覺，並保

4. St. Gregory the Great，西元五四〇年出生於羅馬，西元五九〇年被推舉為教宗。

護他們免於被沒有這種自覺的其他人所傷害。在回應這些個人的塑造及保護的同時，成員也在塑造和保護他們的團體。這種塑造和保護的互動行為，可以將團體轉化成為心靈的聖殿。團體不只是支撐心靈聖殿的飛扶壁（flying buttress，為支撐作用的建築結構部件），發揮到極致，它甚至可以是你心靈聖殿的一部分。

團體因此而得神聖——也就說，基督透過有形的團體，賜給成員們無形的恩典。天主透過團體，賜予我們聽命、克制語言和謙遜三項恩典。聖本篤並未稱這三種特質為品德，因為他所認定的品德是更古典的：堅忍、公平、節制及審慎。

在聖本篤當時的傳統世界裡，認為這些品德就像習慣一樣，只要不斷地練習就能擁有：一個人可以從養育和教育的過程中學到公平和審慎——習慣是一輩子的事。然而聽命、靜默和謙遜，則是我們在團體生活中艱苦而真實的體驗——這正是團體的功能：以其獨一無二的架構，讓人們體驗這些特質。對聖本篤而言，一旦離開了團體，這些特質都有消失的危機。

為生活建立一套屬於你的禮儀

聖本篤安排這些團體架構的方式之一，正是透過禮儀。禮儀和象徵在今日遭受嚴重的排擠，而且經常與「只不過」這個字連用，例如「那只不過是個象徵罷了」或「只不過是個禮儀」。我們的社會對禮儀的疑慮，已妨礙了團體生活。

舉例來說，太多的年輕人從不坐下來和家人用餐，這樣的禮儀已經消失了，而家庭生活就像禮儀一樣積弱不振。在聖本篤看來，共享一餐——即便靜默不語——也是團體生活中相當重要的一部分。而在隱修院中，這個基本禮儀還附有其他的禮儀：在廚房服務的弟兄將在眾人面前接受祝福，他們也提醒了我們「藉此服務，可以增加愛德和賞報」（《聖本篤會規》35:2）。

同時，聖本篤要他們在上菜之前先用餐，「當他服侍弟兄時，不致抱怨或過度疲倦」（《聖本篤會規》35:13）。像這樣結合象徵與實務，是聖本篤特有的作法，也顯示了禮儀和世俗元素不僅可能結合，而且還值得嚮往：象徵提升了世俗的元素並賦予其意義，但又不會減損世俗本身所具備的功能。為了強化團體生活，你也許該考慮在日

常生活中建立一套禮儀。

回頭看看那些會回去接應落後隊員的慢跑者：這是生活中的禮儀之一，充分說明了成員將他們的俱樂部視為一個完整的團體。運用想像力，我們皆能以意想不到的方式建立起類似的禮儀。小型禮儀可以將日常的瑣事，轉化成建立團體的有力途徑。

會規中，聖本篤對於接待客人的程序顯然有非常詳細的著墨。當客人抵達時(〈修院內經常有客人〉《聖本篤會規》53:16)，全體弟兄要一起為他們濯足，院長會和他們一起祈禱，然後為他們誦讀《聖經》；修院裡有單獨為客人準備的廚房，並安排一位修士照料他們的住宿。因為這些確實是額外的工作，為了避免抱怨，必要時院方會安排特別的協助。

這樣的例行公事大致說明了祈禱和服侍的團體生活，而且全部都用在客人身上，因為「祂的確在這些客人身上」。聖本篤強調，這些行為更適合用來接待窮人：「接待窮人和朝聖者，應格外殷勤周到，因為基督特別是在他們身上受到接待。至於富人，由於我們的畏怯心，自然會尊敬他們」(《聖本篤會規》53:15)。

在接待客人一章的尾聲，聖本篤強調，這些特殊的安排不應該妨礙團體的日常生活。他細心地將自己的隱修院建設成祈禱和靜默的心靈聖殿；他安排諸事、確立良好的秩序，讓修士們無所抱怨。每個人都必須通過嚴肅的考驗以成為見習修士，客人卻理所當然地必須慷慨招待，並且絕無例外。

聖本篤以這種方式，保持心靈聖殿的內在需求與必須優先處理的外部需求間的平衡。禮儀也可以為家庭帶來一種態度上的平衡，舉例來說，家人殷勤地歡迎受邀前來用餐的客人，令讓雙方都會感到輕鬆、自在；相反的，若只想著打發客人用餐，這不僅讓客人與你疏離，自身也顯得太不周到。

檢測聖殿力量的辦法，就是它在歡迎客人的同時，是否有能力維持自身架構的完整——一次完美的平衡。這種和諧在告訴我們，一個真正的團體是包容、而非排外的。

接納他人，無論貧富

聖本篤強調，團體中的成員不僅要互愛，也要以同樣的方式關愛來客，特別是那

些「祂的確在這些客人身上」的貧窮訪客。當我們為自己的生活建立起心靈聖殿之際，我們不能單只為自己的需求闢出空間，還要照顧到其他人的需求，特別是那些赤貧者。

對於那些已經忙得分身乏術的人來說，這或許是個很高的要求，而且恐怕也覺得我的諸多要求已經太過嚴格了。但請記住聖本篤卓越的平衡法；我們或許無法複製它，但可以找出屬於自己的、表現它的方式。

隱修傳統強調，當我們為平靜與祈禱闢出一塊空間時，就為生活開創了更多新的可能性，而其中之一就是更寬宏地回應他人的需求。不論如何，我們必須讓最欠缺者成為團體的一員，並在心靈聖殿中，留給他們一個重要的位置。

至於那些在家或在外受苦之人，也應該謹記這個要求——雖然這對在外受苦之人而言，將是更艱難的挑戰。我們在本書一開始的時候，就提過這個困境：已開發國家中、相對較富有的消費者，是從他們自己的消費主義中尋求庇護；相較之下，開發中國家的窮人們在尋求庇護時，遭遇的問題也更大。他們只能從貧困中尋求庇護，而不是從消費，於是有越來越多人移民到富裕的國家。

我指的不是那些尋求政治庇護的人，而是那些羨慕財富的人：這些移民純粹是受到財富的吸引。他們經常宣稱，這是尋求政治庇護的移民，但這與我想說的無關：在讓窮人更加忙碌的全球經濟架構中，他們都是這波尋求財富庇護的犧牲者。我們在秘魯利馬（Lima）的弟兄，曾與我分享他們在一個窮困小鎮服務的第一手經驗：窮人也很忙，但在這裡，他們忙的是生計，而非消費。這些人從很小的時候就開始在城裡到處找工作，賺取一點微薄的薪水，絕望地為生病的孩子找醫生；最後，忙碌的一天結束，也得不到一夜安穩的好眠——可以想見人們為何想要尋找一個庇護，並致力於脫離這樣的困境。

已開發國家對此的回應是：以更大的力量阻止這些豔羨的貧窮移民進入，憂心他們對消費／生產者社會的經濟及凝聚力可能帶來的衝擊。除非全球經濟打算向貧困的第三世界伸出援手，否則移民的窮人數量將逐漸增加。如何提供窮人與富人足夠的心靈聖殿，是世界上每個人、每個社會的挑戰，也是二十一世紀人道方面最大的挑戰。

我們必須建立起的、屬於心靈聖殿部分的團體，必須擁抱這些貧困的外來

者——這是聖本篤最重視的一點——不僅要建立全球的團體、減低貧困，也應當歡迎他們進入我們本地的社區。

記得讓光線灑進你的聖殿

建築物上的窗戶，最足以形容我們設想的這種團體：窗戶將我們與外界隔開、保護我們，但又允許我們看到其他人，並讓他們的光芒照射進來。我們可以看到他們需要什麼並和他們溝通；我們可以打開聖殿的門——我們的心門——迎接他們進來。

如果我們的聖殿沒有窗戶，就會變得黑暗而陰冷。所以，我們要像一個好的建築工人那樣，不僅要建造堅實的牆，也要在牆上開窗。**堅固的服從之牆需要團體之窗，讓我們的聖殿既明亮又親切。**

第六步

靈性：選擇真正的修行方式

要考驗那些神是否出於天主。

——引自若望一書，《聖本篤會規》58

這座聖殿已接近完工。一如所有新的建築物，我們得決定如何裝潢它。我們的聖殿還需要哪些東西？哪些物品適合，哪些又該剔除？到附近的日用品及傢俱店走一遭，是最常見的舉動，此外，生活週遭還有許多心靈商品，像是書店裡的身心靈區，甚至身心靈書展！

自一九六〇年代開始，期盼在忙碌的消費性社會中找到心靈聖殿，並轉向「靈性」（spirituality）尋找慰藉的人數，已超過了宗教信仰。人們渴望表達自己的靈性，並在社會中推廣這種想法。因此，當我們決定好如何裝潢自己的聖殿時，也必須更細心地審視這些心靈禮物，做出聰明的選擇。

人們使用「靈性」這個字眼的方式大不相同。當有人說自己是「崇尚心靈的」，可能表示他們熱愛默想，或是喜歡獨自散步；也可能是他們欣賞偉大的藝術，或喜愛音樂。

除此之外，它通常代表他們相信人類大愛是無價的；令人感動的是，這麼相信的人還越來越多。他們希望表達科學物質世界以外的、那不可見的未來，並相信只要這麼做，就能體驗到幸福。

雖然這些不斷滋長的心靈追尋，通常缺乏一個清楚的形式，但還是有許多人在追求所謂心靈的指引；這些人說，他們了解生活除了在消費／生產中打轉之外，應該還有其他的東西，卻不知道這「其他的東西」是什麼。《修院生活》的觀眾回應就明白指出了這點：超過上千名的觀眾告訴我們，這個節目對他們有多麼意義重大，並希望獲得更多指引。

諸如「我雖然是一位無神論的醫師，但貴節目令我獲益良多。」或是「貴節目讓我不再對自己的生活感到茫然。」許多人甚至選擇到渥斯避靜：我們的避靜中心被預約到好幾個月後。

在歐洲，許多人已不再執著於向單一信仰尋求「更心靈的生活」，美國想必也將如此。因此，在我們開始思索當今諸多的心靈運動前，必須先了解人們是如何從宗教信仰轉向靈性的；要做到這點，我們必須追溯西方文化中靈性的歷史，並回到宗教信仰與靈性還密不可分的古老時代。

靈性的歷史

檢視基督信仰的源頭，聖保祿（保羅）曾寫道，精神生活就是「天主聖神」，並對照了精神生活的力量與人性的弱點。基督徒是指信仰基督的人，他們依循基督的聖神從事精神活動；這種靈修的表現是愛與慷慨，雖然他也形容了諸如爭執、貪婪和自私等非精神生活的表現。所以對早期的教會來說，精神生活指的是虔誠而寬大的生活方式。

自第三世紀開始，靈性的含義出現新的轉變。基督徒不再視精神為生活的全部，反而開始強調身體與靈魂的區別。柏拉圖的哲學觀最能夠說明這個觀點：他認為我們的靈魂層次比肉體更高。這種身體／靈魂的區別在歐洲根深柢固，像「柏拉圖式的關係」一詞也延續至今。靈修變得很私人，而且和身體是分開來的；到了中世紀，這樣的區別不但主宰了個人生活，也影響到公眾生活。身體／靈魂的二分已然確立，生活的每一個層面皆被區隔為「現世的」或是「精神的」；這表示政府有一部分的權利在教會（神職人員）手中、一部分在國家（俗世議員）手中。

十六和十七世紀的新教改革者認為，教會的運作力量絕非「精神的」，而是世俗、墮落的；為了抵抗這種墮落，他們希望基督徒專注於內在的信仰本身，而非倚賴諸如朝聖、聖髑和大赦等外在的宗教禮儀。

與此同時，在天主教會內部進行改革的改革者，推行各種改進內在精神生活的運動。十六世紀時，西班牙的天主教先驅如大德蘭修女和聖依納爵・羅耀拉（Ignatius Loyola），推動新一波的內在宗教禮儀，其影響直至今日。羅耀拉不僅留給後人一個耶穌會，還有所謂「神操」（spiritual exercises）的默想法。他萃取自身的宗教體驗，為精神成長提供一條指引：這裡的「精神」是指「內在和個人的」，而非傳統宗教的外部禮儀。所以，出人意料的，耶穌會竟是最早使用現代意義的「精神」的團體之一。

如果宗教改革的領導者們知道，他們的改革運動是現代人朝向「精神的而非宗教的」過程之伊始，肯定會感到非常震驚。新教和天主教的改革者們一樣在推動真正的宗教信仰——屬於心靈的，而非他們那個時代約定而順服的信仰；他們的目標在提倡精神性的信仰，而把身體與靈魂分開則是他們難以想像的。那麼，我們最後又是怎麼

走到把兩者區隔開來這一步的呢？

靈性的現代意義在二十世紀初成形，變成某種可以和信仰脫離的行為。轉變雖然是漸進的，這樣的發展仍有其關鍵時期。一九〇二年，美國心理學家暨哲學家威廉．詹姆斯（William James）出版了《宗教經驗之種種》（*Varieties of Religious Experience*），以心理學觀點和信徒的內在經驗等新方式來檢驗宗教信仰。他將宗教信仰分為兩個部分：「我提議完全忽略約定俗成的部分……因此，一如我現在武斷地要求你接受的那樣，信仰對我們來說，應該是個人在孤獨時的感覺、行動和體驗，以至於他們自認為與心中所謂神性之間的關連。」

這個論點不僅吸引了很多人，也廣為現代人所接受：個人的體驗是一回事，約定俗成的信仰又是另一回事。在二十世紀，心理學這個新近發展的科學，已針對個人經驗做了越來越多的深入分析；到了二十世紀末，個人經驗已與有組織的宗教信仰分道揚鑣。

靈修，為什麼不需要宗教？

將靈性與宗教信仰分離的行為，除了畫出一條界線之外，還衍生出許多問題；其中最重要的一個問題，是西方社會中的信仰危機，亦即宗教中約定俗成的部分被當作非必要的——真正的靈修完全是個人的事。這個訴諸自身的部分，或多或少也影響了每一種宗教和每一個人。

關於這個觀點的典型現代說法，在心理學家亞伯拉罕・馬斯洛（Abraham Maslow，提出著名的「馬斯洛三角」[1]理論，說明人的需求等級）的著作中就可以看見。

一九七〇年代，馬斯洛投入「高峰體驗」（peak-experience）的心理研究，即一個人「最快樂的時刻、狂喜的時刻和著迷的時刻」。從研究中，他認為「高峰體驗讓我們有證據來談論本質這件事……最原始的宗教體驗是絕對是個人、獨一無二的，難

1. Maslow Triangle：馬斯洛將人類的需求視為一個金字塔型，由最底端到最上層，依序為心理需求、安全需求、愛與歸屬感、尊重、自我實現。

以與人分享……所以對高峰體驗者而言，有組織的信仰裡的每一項繁文縟節皆是次要的、外圍的……它們或許不致造成傷害……每一個人皆有他自己的信仰。」

這個「高峰體驗」，就是某些人口中的「神祕經驗」，也經常被當成是全世界各種宗教信仰的核心；再者，這類神祕經驗還受到現代心理學的檢視。為了使這個無所不在的真實靈修更加圓滿，許多人還附上道德式的金科玉律：「己所不欲，勿施於人。」金科玉律通常是最具宗教性的。

把這些全部結合在一起，我們便得到一個可行的定義：以現代觀點來看，真正的靈修是心理上的安適、結合了道德上的金科玉律。教義、禮儀和團體生活則是可選擇的額外事物。

現在我必須聲明，心理學是極有價值的一門學科，而且我也支持金科玉律。所以從許多層面來說，現代的靈修並沒有什麼問題。它處理了生活中許多過去只能依靠信仰處理的面向，同時也是一種和宗教觀點不同的、新的生活觀點。

為了觀察這些現代靈修的實踐情形，我進入「朝聖者的身心靈」網站（Pilgrims Mind Body Spirit），發現類型驚人的神祕可能，以及全方位的新世紀（New Age）習作，諸如塔羅牌、水晶球和風水。這裡面最驚人的一部分，是強調對身體與心理的治療。

隨意挑了一份線上雜誌後，我看到這些文章標題：「突破抑鬱，找尋生活」、「提升自我價值」和「治療與默想的聖殿」。這些標題所描述的目標都很可貴，而且這裡的確有許多不錯的建議，這無可否認，例如那篇關於自我價值的文章，提到如何對自己保持正面的想法，這很有用；不過在這方面，宗教則會加入天父之愛，視其為提升自我價值的動力來源，而謙遜則是自知之明的根本。

世界上主要的信仰都在提供一個遠景，在揭開人性隱藏面的同時，也揭開我們體驗不到的神性。在這種開闊的遠景下，人們才更有機會在一時嘈雜的欲望之外，發現自己最真實的需求。

宗教到底能給我們什麼？

人們經常會把「靈性」和「有組織的宗教」拿來作比較；但我不認為他們真的在

暗示：任何形式的組織都會損傷靈修。所以我寧可先談談「傳統信仰」，因為它是比較好說明全世界一般性宗教傳統的方式。

了解傳統信仰最簡單的方法，就是從省思人類欲望開始。從你自身的經驗就可以知道，人的心總在迷戀某些事物：我們皆執著於某些事情；總是有某些神殿（或確實是神殿）需要膜拜。

人的欲望通常不只一樣，所以人們崇拜許多神；他們的心也被撕成好幾片，有時甚至彼此衝突。這麼看來，每個人都有宗教信仰：所有人類都本能地崇拜偶像，不論他們是否承認這件事。這也表現在某些口語上，例如：「他只相信財神。」或「崇拜的影迷匍匐在她腳下。」這些欲望投射的對象，就是人們生活中的偶像或神祇，而人心中最常見的神祇，其實就是自我；就像有人曾說過一位富有的企業家，「他白手起家，只崇敬他自己。」那種說法也適合我們大多數人，不只是那位企業家而已。

依照過去聖保祿對「精神」的看法：上述的每個人都有宗教信仰，就不是指每個人都是「追求精神」的；也就是說，不是每個人都注意到自己會偶像崇拜、他們是忠於自我中心，而非源於「主的靈」。這種趨勢在現代某些靈修運動中不僅沒受到挑戰，反而被強化：人們把自己的內在世界當成「神」，而它的欲望至高無上；每一個個體都必須對自己的精神成長負責，並決定如何追求它。真理是個人的。

傳統信仰是在幫助人脫離對人、對物、對技術的偶像崇拜，幫助人掙脫不斷流動的欲望之砂。在傳統信仰裡，人們無須挑選或選擇：你學到的是生活的全部方式。信仰以一種充滿教化的過程，幫助我們從其他角度、全面地審視生活——這也是在《修院生活》的最後一集裡、實際上發生在東尼身上的事：他的人生從此改變，他遠離自己的欲望，不僅得到了信仰，也做到了對天父的順從。如今的他明白，自己不但應該祈禱，還有祈禱的義務。

基督宗教信仰引領我們通過這個教化的方式，不僅說服我們相信天主確實存在；一如聖雅各在他的書信中所言，就連魔鬼也希望我們相信他們的存在。教義要我們說：「我相信天父。」此為基督宗教信仰將我們欲望及崇拜的對象引導至天父身上。伊斯蘭教和猶太教也強調這一點。

這三個宗教共同的第一誡便是：「我是上主，你的天主……除我以外，你不可有別的神[2]。」亞洲的宗教以其不同的方式，要人們認清欲望的虛幻，轉向更開闊的視

野、轉向神聖。

可惜的是，現今社會過度誇大自身的價值，不僅不能接受自己也有虛假的神，也不知道自己需要看得更高遠。現代社會認為自己是：「我們是白手起家的團體，只崇敬我們自己。」

比起當代的許多精神運動——包括馬斯洛的理論——傳統信仰顯然更包容、豐富。舉例來說，高峰或入迷體驗，只不過是傳統信仰中的一小部分，但馬斯洛卻把它們當作自己新信仰的主軸。或是相較於〈團體：心裡多一點別人〉（第五步）裡說過的：宗教信仰過去被認為是結合公共禮儀和人類關係的團體事件，「靈修是很私人的」這種想法，顯然狹窄得多。

最後，任何一種傳統信仰皆有關於天父或諸神的特定教義，但現代的追求卻鄙夷教義，並滿足於——如威廉・詹姆斯所說的——「任何他們（他）想要的教義。」這種觀點只會排斥宗教教義中擴充人類心智、引領人們體驗未知，以及將人類從個人生活中的狹隘規模解救出來的能力。

靈性的超級市場

現代的靈性運動因為重視內在生活，並認為內在生活就是靈修的全部，於是被指控其對社會中的經濟正義、政治權利和社會不平等缺乏關心。在一九六〇年代的政治劇變後，社會開始趨於保守，並視心理層面的自我提升為美好未來的關鍵。卡爾・馬克思最著名的觀察是：「宗教信仰是麻醉人民的鴉片。」

不過就在不久前，兩位馬克思主義評論家，傑若米・卡雷特（Jeremy Carrette）和理查・金（Richard King），將馬克思著名的口號改成了：「靈修是麻醉人民的鴉片。」他們還為宗教信仰在社會中的現有功能，提供了更進一步的註解。他們認為信仰是「我們所能擁有、人類集體致力於使生活變得更合理的最豐富範例」的寶庫。在他們兩位看來，現代靈修是缺乏遠見、輕而易舉的，信仰卻是真知灼見而且充滿挑戰的。

2. 出自《聖經》〈出谷記〉（出埃及記）第二十章，原文為「我是上主你的天主，是我領你出了埃及地、奴隸之所。除我之外，你不可有別的神。」

然而現代的靈修看起來又很像傳統宗教信仰。這是因為它從傳統信仰中摘取元素，然後將它們重新排列組合成新的內容。「赤腳醫生」（Barefoot Doctor）系列就是一個很明顯的例子。讓我們從該系列最近一期《解放》（*Liberation*, 2002）的封面，看看它是如何介紹自己的：「一如往常，赤腳醫生提供完整的處方：道家治療法，再加入一點印度教、佛教、薩滿教、人道主義，以及大量淺顯易懂的、不受時間限制的基本常識……是治療憂鬱症、疏離、恐懼、寂寞、悲傷、怨恨等最完美的解藥……」這個系列志在以各式各樣的宗教信仰（顯然不包括基督宗教！），為個人發展所需的一切作出解答。這些元素早已不再被視為親近天父、避免我們偶像崇拜的踏腳石；相反的，它們變成切割好的市場商品，隨時可以賣給有需要的客戶。

我們可以從「靈修消費者」（Spirituality Shopper）這個電視節目裡，看到現在人們是如何運用宗教元素，並在消費主義端重複使用的趨勢。這個節目就像是一座精神超商，每個走道上都清楚標示了「佛教」、「基督宗教」、「猶太教」等標誌；這真的是「拼裝」式的靈修。

節目提供一位二十九歲的廣告公司主管許多可自由選擇的精神活動，並向她推薦了佛教默想、猶太教安息日前夕聖餐，以及基督宗教的四旬期齋戒。她最後選擇了伊斯蘭教的苦行僧旋轉舞。節目名稱正好點出這種方式的問題所在：消費宗教信仰，將消費主義裝扮得更加宗教化。

靈修消費者以擁有信仰的某些部分、在屬於自己的「精神之路」上舒適身心，於是這又成為假期與嗜好之外、另一種治療消費／生產者那單調生活的解藥。多麼令人訝異！我們的現代靈修之旅，又把我們帶回這本書的第一章了。現代靈修不僅沒有救我們脫離日復一日的工作，反而讓我們發現，它其實也是其中一個部分。

然而現代靈修有一個很好的特點，就是它帶領人們接觸世界上的宗教信仰。認識這些宗教信仰很值得，因為它能為生命意義帶來更寬廣的視野。不過，在某些時刻，人們不是該慎選一種宗教信仰，就是不要有宗教信仰。這些學習可能會幫助一個人建立自己的靈修，卻不能應付人心中不斷衍生的欲望。唯有聽命於天父才有辦法。

學習宗教信仰的人必須面對在某些時刻，那種對完整信仰的需求；否則，他們就只能當一名宗教信仰的消費者。這是我和尼克在《修院生活》的討論中，特別跟他強調的險境。尼克一出生就受洗為英國國教派教徒，同時也是一名認真的佛教修習者；

但是他也坦誠，他正在考慮最後應該選擇何者。他在渥斯的體驗，以及後來在嘉都西會為期一個月的避靜，都幫助他體悟到更深刻的基督信仰。

教會從我們身上學到的事

關於這點，聖本篤曾提出他的看法，與我們為裝潢聖殿所尋找的最佳靈修息息相關。會規的第一章是〈修道人的種類〉，聖本篤很明白地指出，並非每一個修士都有相同的美德。

有一種修士是他認為「可憎的」，就是那些「沒有受過有經驗人士的指導……軟弱得像鉛」，同時「言行舉止還不能脫離世俗習氣」的修士。他還提到：「他們的私欲偏情就是他們的法律。凡是他們腦裡所想的，或願意做的，他們就自認為是神聖的，若是他們所討厭的，就認為是不許可的。」（《聖本篤會規》1:8b-9）這用來形容現代許多自稱「屬靈」的人們不僅很公正，也強而有力地抨擊了那些「靈修消費者」。

在聖本篤看來，靈修消費者已經丟失了真正精神生活的核心。他在第一章中做了以下的結論：「撇開這些人不談，讓我們因著天主的助佑，為那最英勇的一種修道人立一會規吧！」（《聖本篤會規》1:13）最英勇的修道人，指的就是那些選擇唯一而穩固道路的人。

誤入靈修歧途的人，不僅聖本篤時代有，現代一樣也有。一如剛才所提到的「他們的私欲偏情就是他們的法律」，當靈修變成利己和自我的活動時，就會迷失方向。這些都是必須從我們逐步建立的聖殿中去除的傢俱。

我強調過，現代靈修有許多層面的確是有建設性的，然而這些層面也只有在服從和團體的框架裡，才會有建設性。今日的信仰生活——同時也是傳統宗教信仰的一部分——還欠缺很多事物。當人心中的欲望不斷衍生、當它們經過傳統宗教戒律的淨化後，就會轉化為我們內在的天父之言。我會從天主教的觀點再深入討論這點，因為這是我比較熟悉的，但我相信其他的基督教教會也會跟我有相同的看法。

觀察現代的靈修脈動，可以發現有不少值得我們學習之處；即便一開始抗拒它，教會仍從中吸取了某些現代觀點。這個時代對傳統宗教信仰的質疑，確實幫助宗教實務發展出一些新的形式，鼓勵人們信仰宗教；更好的是，現在的傳統宗教信仰比過去

更謙遜，願意對話和成長。

天主教教會最高的權力機構，只有一個教會會議，會議期間，教宗和主教們相聚一堂表明信仰。上次會議是一九六〇年代召開的第二次梵蒂岡會議，當時簽署了有關天父所揭示和闡明的聲明：「天父從人性本身揭示了人性。」這個簡單得令人難以相信的聲明，意指基督信仰提供了我們一個成為完整的人的遠景；它與生活的每個層面息息相關，而非在教堂的高峰體驗、或是去教堂的次數。許多現代的科學從人性中發現了無價之寶，但卻無法處理生活中彼此相連的各個層面，也不能提供一個有目標的遠景。一致與目標是神聖的特質、是天父賜予我們的——也是人們在現代靈修的個人經驗中所追尋的。

教會如今也了解到，人類的體驗也是天主教靈修的一部分，諸如我的人際關係和我的工作、我所希望的與我所恐懼的、人生的高潮和低潮等等。跟隨它們，更多的覺醒出現了：原來，我的社會處境影響了我的靈修。如果我有一位刻薄的父親，向「我們的天父」祈禱才是真正的麻煩，我就必須找出應變的辦法；如果我是殘障人士，我將會有完全不同的、珍貴的觀點。以亞琵蓋爾（Abigail Witchalls）為例——這位年輕的天主教徒母親，在與孩子散步時遭人刺傷，如今全身癱瘓——在受傷的幾個星期後，她以這三句話改變了自己的父親：

身體靜止不動
但我的靈魂在裡頭唱歌
在愛的光芒下跳舞。

正是人類的體驗生出如此的觀點與美好，並不斷豐富天主教教會的生活。教會從現代社會所學到的另一個特點是個體的重要性。在教會裡，這成為天父以其廣泛而多變的方式發揮影響力的表現。祈禱不只有一種方法，成長也不只有一條道路。福音書依舊存在，但現在卻有其他方式、向其中的天父表示感激：兒童、原住民，以及生活在貧窮中的人們——每個人都可以用各自的方式，表達他們對基督的信仰。

我很榮幸在英國這裡為孩子們主持彌撒，還有在利馬為極端貧苦的人們主持彌撒。在彌撒中，每個人都能表達自己的想法：孩子們唸著代人祈禱的簡單禱詞，而那些在聖壇之下拋撒塵土的窮人痛苦地吶喊，說那裡面包含了祂的子民的血、汗和淚水……這些表達、以及每一個參與者的聲音，形成真正的崇拜。

聖殿落成

當我們從現代社會所提供的東西中，找到了一些美好的陳設後，聖殿已然完成。但我們還得面對最後一項事實：即使置身在這個美侖美奐的聖殿裡，我們仍不免一死。比起面對死亡，現代的作風是想延緩死亡，或至少加以控制，因為死亡令生命顯得毫無希望。所以最後一步，我們要問：生命——即使是在聖殿中的生命——最後也是毫無希望的嗎？

第七步

希望：

平和，就是永遠懷抱希望

當我們在修道生活與信德上逐漸深入時，心必開朗，
那甜蜜得不可言喻的愛驅使我們，在天主誡命的道路上奔馳。

——《聖本篤會規》序

愛，最崇高的瞬間

我曾有幸看著隱修院的弟兄們平靜地離開人世，他們一生富足，安詳地迎接死亡；有時，痛楚和不適令這個過程難以忍受，但那不會有絲毫妨礙：他們已經做好迎接死亡的準備了。

西方社會幾乎完全不知如何安適以終；有過這樣近距離的觀察之後，我相信那是一個人所能見到最激勵人心的事。失去弟兄的確令人感傷，我們當然哀悼他們的逝去；但是他們的平靜離開，也留下了一份美好的離別贈禮。

西方社會之所以不知道如何做好死亡的準備，一方面是因為人們早已將死亡從「家務」變成了「醫務」；這確實能為瀕死者減少絕大部分的痛苦，但也讓生者少了很多接觸死亡的過程。同樣的情形也延伸到死後的禮儀。

有些人覺得兒童不應該到葬禮現場，而現代的葬禮也相當簡短，通常都在火葬場草草結束。哀悼跟修習時間一樣消失不見，大多數的人還受到維多利亞時期的餘毒影響，認為哀悼太過晦暗。維多利亞時期的人們喜愛誇大死亡、將性排除在外，而在我們這個年代，事實似乎剛好反了過來。

死亡本來就可怕，但排斥只會平添恐懼。相反的，聖本篤希望隱修院是一個不排斥死亡的地方，他告訴修士們：「天天準備善終」（《聖本篤會規》4:47）。這似乎是個可怕的建議，事實上卻不然。

聖本篤要修士們將死亡謹記在心，這樣他們才能體會生命的急切與美好：在會規序中，聖本篤要求修士們「你們趁著還有光的時候，應該行走，免得黑暗籠罩了你們」（《聖本篤會規》序：13）。思及死亡，又令人感受到生命本身是如此的刻不容緩；我們得奔跑，因為生命苦短。

聖本篤也看見了生與死之間的延續，因為隱修院的目的，就在發揚天父始終存在的道理。活著的時候不容易做到，但死亡讓我們明白，天父永遠在天國，這便是恩賜。「按照吾主的教訓而生活於會院中，恆心至死，藉著堅忍的耐力，來分擔基督的苦難。如此，在祂的王國裡，我們也必能與祂共享榮福。」（《聖本篤會規》序：50）。隱修生活要求我們去蕪存菁，才能一直感覺到天父。死亡是最後要去除的事，也是讓我們與天父見面之前的最後一件事。

我要舉出七位修士的故事來闡述這個道理；他們是「亞特拉斯殉道者」（Atlas Martyrs）[1]，於一九九六年一起過世。他們的故事不僅與死亡的修習有關，同時也與政治上的恐怖主義有關——那奪去了他們的生命。當我們面臨死亡和恐怖主義時，他們的故事就是絕望世界裡的一盞明燈。

亞特拉斯聖母隱修院，位於阿爾及利亞南邊六十英哩處、一個名為提比倫（Tibhirine）的小村落裡。一九三七年，一群法國的嚴規熙篤隱修會修士在此定居後，建立了這座隱修院。一九九〇年初，他們被捲入激烈的內戰中，即阿爾及利亞軍政府，和希望移除此地的所有西方勢力、建立伊斯蘭教國家的伊斯蘭武裝組織（GIA）的武裝衝突。一九九三年，伊斯蘭武裝組織發出最後通牒，要求所有外國人在十二月離開這個國家，否則革殺勿論。

當時，留在阿爾及利亞的基督徒非常少，但這些修士決定留下，因為他們熱愛阿爾及利亞，尤其是那些和他們關係非常好的穆斯林鄰居；村民們也飽受驚嚇，卻因為修士們願意留下而稍感心安。由於村子裡沒有清真寺，村民們經常借用隱修院的一個房間祈禱；村民和修士們還共同經營一座公開販售蔬果的農圃。

一九九三年的聖誕夜，伊斯蘭武裝組織的成員潛入隱修院，其中的首領要求修士和院長克里斯汀神父，必須誓言幫助伊斯蘭武裝組織。克里斯汀神父拒絕了，但首領對他說：「你沒有選擇的餘地。」神父知道這個人不久前才殺了住在附近的十四名克羅埃西亞建築工人，以殘忍聞名。神父提醒他，不該把槍械帶進隱修院裡，而且他們的來訪也干擾了正準備慶祝和平之君誕生的修士們。沒想到，這個首領道了歉，並撤離武裝人員，但揚言會再回來。

修士們知道，這些槍手隨時能奪走他們的生命。經過討論，他們決定三位修士應該離開，只留下九個人。這些修士們如今得面對步步進逼的恐懼，而克里斯汀神父這時也寫了一封信或遺囑，以防他萬一遭遇不幸。

在一九九四到一九九五年期間，伊斯蘭武裝組織陰謀殺害了不少天主教教徒，不過修士們仍繼續過著原本的隱修生活。在這二年中，修士們的生活正呼應了「共享」這個字更深一層的意義——*“koinonia”*（共融）。他們之間偶有不可避免的緊張時刻，

1. 這七位神父殉道的故事，在二〇一〇年由法國導演札維耶．波瓦執導，拍攝成《人神之間》（*Des hommes et des dieux*），並在坎城影展榮獲評審團大獎。

卻仍專注在建立團體的任務上——一個彼此扶持、天父守望，還有穆斯林鄰居相顧的團體。

在一封給克里斯汀神父的信中，寫信的修士形容了他們的工作：「在我們每日的關係中，我們應該直率地站在愛、寬恕和團體的這邊，以抵抗仇恨、報復和暴力」。正因為每天都能見到死亡，他們的生活反而得到愛的新能量；他們真的在生命還有光線時奔跑著，深知每一天、死亡的陰影都可能籠罩住他們。

然後，在一九九六年三月的某個晚上，武裝分子出現了，綁架了院長克里斯汀神父和其他六名修士。一個月後，他們向阿爾及利亞政府發出最後通牒：釋放所有伊斯蘭武裝組織的囚犯，否則將割斷所有修士的喉嚨。五月，這項威脅成真，這七位以生命熱愛穆斯林鄰人的亞特拉斯殉道者，成為人數不斷增加的基督徒受難者之一。

克里斯汀神父的遺書，一開始是這麼寫的：

當我們即將告別……

如果這一天到來——也許就是今天——我成了恐怖主義的犧牲者，而他們似乎想殺害所有住在阿爾及利亞的外國人；我希望我的團體，我的教會和我的家人記得，我的生命已奉獻給天父，也已奉獻給這個國家。

克里斯汀神父將死亡視為贈予的時刻，這需要偉大的胸襟和最純淨的心靈——隱修生活讓這兩種特質在他身上發揮到了極致。這種心靈的純淨直到他的遇害前都不曾稍減：對於這些殺手，他在最後寫道：

你，我生命最終的朋友，沒有人知道你做了什麼：我想感謝你，並向你告別，因為在天父的面容上，我也看見你的面容。如果這能取悅天父，我們兩人共同的慈父，但願我們在天堂重逢，一如快樂的竊賊們[2]。

阿們！阿拉保祐！

---

2. 指和耶穌一起釘在十字架上的兩個賊。

對克里斯汀神父來說，死亡是愛最崇高的瞬間。不管我們要面對的是死亡，或是當代最可怕的恐怖主義，克里斯汀神父與其他修士的故事都為我們帶來希望。基督復活的信念支撐著他們，因為基督戰勝了死亡，而如此的信仰也前所未有地強化了他們的團體。比起現代對死亡的態度，兩者的分別是再清楚不過。對於自以為忙碌的現代人而言，死亡是最後的、無望的和對生命中一切事物的否定；可是**對亞特拉斯殉道者來說，死亡卻是對充盈生命中的信仰、希望和愛的最後表達**。

現在，讓我們想想這個故事與尋找聖殿之間的關係。亞特拉斯殉道者從隱修生活中帶入聖殿的，我相信就是其中所需的聖壇；聖壇是向天父奉獻的地點，甚至是將自己的生命奉獻給天父的地方。反之，天父賜福給這個奉獻的人，相互回報的過程就是犧牲。

犧牲的字源是拉丁字的 *"sacrum facere"*，即「使之神聖」。因此，當你在祭壇上獻出生命，天父將賜福予你，並許你聖潔。在這兩年等待死亡的日子，修士們日日向團體獻出自己的生命；相對的，天父也賜福給他們，並令他們聖潔，準備好隨時成為殉道者。

保守地說，**當一個人找到聖殿時，也會找到犧牲的聖壇**。我們沒有一個人能只為自己活著或死去；尋找聖殿的過程，也是尋找天父期勉我們的過程；那是關於尋求天父的賜福、並活在祂回報給我們的使命中，也就是以我們自己的方式去愛其他人。因此，在聖殿的中心，我們要建立一座付出及接受愛之犧牲的聖壇，而那也是真實宗教信仰的核心。

在尋找聖殿之初，我特別歡迎那些對宗教信仰抱持著「我不知道」態度的朋友；我希望這本書能幫助你建立一個穩固的聖殿。想必你也很清楚，身為修士的我，自然認為宗教信仰是這個聖殿最重要的一部分。所以，我想以消除現代人對信仰的某些誤解作結，並證明宗教信仰在二十一世紀裡的重要性——不僅是宗教裡的某些元素，更是整個宗教信仰的重要性。

亞特拉斯殉道者的故事代表的是希望；但我想再多說一些，將信仰視為希望來源的故事。

生活和希望的理由

「信仰帶來和平」這個句子，顯然是故意想引發一點爭議，因為我們通常聽到的是相反的說法——信仰帶來戰爭。在亞特拉斯殉道者的故事中，我們看到了宗教信仰在恐怖主義的那一方推動戰爭，在修士這一方則推動和平；人類的每項才能都可能被濫用，信仰也一樣。但我相信在現代的生活中，宗教信仰會是和平的重要推手。很多讀者可能會覺得，最後這句話令人難以置信；因此，我們要再一次回到現代研究上，為這個困難的課題注入一些曙光。

二〇〇四年二月，英國廣播公司製播了一個節目，名為「神在人們心中的地位」（What the World Thinks of God）。他們委託布拉福大學（Bradford University）的和平研究系（Peace Studies Department）舉行一場旁聽會，主題為過去百年間、宗教信仰在戰爭中扮演的角色。

回顧歷史，他們分析了宗教信仰究竟是如何引發戰爭的，以及可能引發戰爭的幾種方式。它們有些是與異教徒的戰爭，有些是宗教領袖想要佔領聖地——兩種都是中世紀聖戰的主因。也有希望改變敵人的信仰而發起的，例如宗教改革的戰爭。

這些研究人員接下來又分析了二十世紀的三十二場戰爭。他們的結論是：其中只有三場戰爭顯然與宗教信仰有關。舉例來說，他們認為以阿戰爭的起因是民族主義與領土釋出（我認為愛爾蘭的戰爭和衝突，原因亦然）。他們也提到，由阿拉伯恐怖組織發動的戰爭，主要和阿拉伯世界的政治秩序——特別是當地的外國勢力——有關。這些組織以信仰為名，然而他們以信仰為恐怖主義正名的行動，卻得不到主流教派領袖的認同。

政治領袖以不同的宗教信仰作為動員方式，支持政治戰爭，信仰也因此成為戰爭的導火線。此外，二十世紀的幾個主要戰爭（兩次世界大戰、導致史達林上台的俄國內戰，以及導致毛澤東上台的中國內戰），一億五千萬人被殺——沒有一場戰爭和宗教信仰有關。在近代衝突中，因宗教信仰而造成的死亡，僅佔俗世戰爭的百分之一。

這項研究證明了，信仰並非現代戰爭的主因。儘管有好幾個世紀不曾發生真正的宗教戰爭，但十字軍東征和宗教改革這兩次歐洲大規模的宗教暴力衝突，仍在世人心中烙下不可磨滅的陰影，就連聰明的時事評論家也仍舊堅持信仰會引發戰爭。事實上，現代世界中引發戰爭的是政府，而非宗教。

看過戰爭的統計數字，再來看看教義，主要的信仰傳統——它通常和戰爭、暴力無關。所有宗教信仰都在鼓吹和平，並以真誠的靈修來否定暴力。大部分的信仰傳統視戰爭為靈修的失敗，並在戰爭發生時特別予以約束。

如果宗教信仰不再是今日戰爭的主因，下一個問題則是：信仰如何帶來和平？天主教教會將和平定義為「不只是不再有戰爭；而是正義的開花結果」。一個和平的社會僅是一個社會，因此，提供合適的教育資源、居住環境和醫療保健，是人們能夠建立和平社會的重要管道。儘管這些有形的資源是和平的必要成分，但光有它們還不夠。要建立和平，我們還需要精神資源，而信仰則以其獨特的方式提供它們。

信仰所提供的主要精神資源就是「希望」。

第二次梵蒂岡會議時聲明，「人類的未來，有賴於那些能將生活和希望的理由傳遞給下一代的人。」生活與希望的理由就是真實信仰的核心，也是信仰帶給人類最好的禮物。恐怖主義靠絕望餵養、戰爭則依賴恐懼的支撐。

亞特拉斯殉道者獻給阿爾及利亞人民的，正是：暴徒假借信仰之名、行恐怖和仇恨之實，而修士們則以信仰的本質，告訴人們生活和希望的理由。

去蕪存菁的修習

宗教是整座聖殿的接合劑，將所有組成部分牢牢地固定住；宗教接合劑讓聖殿更加牢靠，不會因為一陣強風而垮掉。宗教保護我們的聖殿免於竊賊覬覦：從銷售員到恐怖分子，不論他們想偷取建築的哪個部分，宗教都能將他們趕走，並提供門外極度渴望宗教或精神庇護的人一個完整的聖殿。

我相信，世界上偉大的傳統宗教，將會以一種嶄新而有創意的方式，在二十一世紀撐起真實的聖殿這個艱鉅的任務。想達成這個目標，人們必須拋棄二十世紀那種「每個宗教信仰都一樣」的、愚鈍的放任觀點；任何一個有想像力的人都知道那不是事實。

然而，我們也無須在譴責或侵犯中擇一：這點我們可以在已逝的教宗若望．保祿二世的著作中、記述他積極接觸世界各地宗教領袖的舉動中看得出來。在他的葬禮上，許許多多非基督信仰的宗教領袖都前來致意，可見他努力的成果。他是第一位拜訪清真寺的教宗，也是第一位拜訪猶太教堂的教宗；一九八六年，在義大利中部亞西西舉行的世界祈禱日中，他邀請全球各地的宗教領袖在這天同聲祈禱，並藉此見證宗教的核心價值：和平。那天他所說的話，就是為二十一世紀宗教信仰所設定的時程表。

首先，他強調這次不同教會和宗教領袖間的聚會，並非「在我們之間尋求一致的信仰，或商議彼此的信念」；也非為了宗教信仰中敵對雙方的和談，因為「每一個人都必須虔誠地跟隨自己正直的良知，尋求並服從真理」。他展示了無須減損我們的信仰，就可以一面保持虔誠的信念，一面與其他宗教為友的態度。

接下來，他說明活動當天的目標就是「和平」。「我們不會否定對眾多生活資源的欲求，因為它們能給維持並強化和平；我們齊聚在此，因為我們確信，倘若世界最後會成為一個真實而恆常和平的地方，祈禱——充滿熱忱、謙卑和堅信的祈禱——遠勝於一切。」

為真實而恆常的和平，熱忱、謙卑而堅信地祈禱：這給了我們在找尋聖殿時很好的指引。很多人都希望在生活中，得到真實而恆久的和平，希望世界也是如此，但只有希望並不夠。你必須把對和平的渴望，變成自己最熱切的企圖、你的首要工作，而非聖誕節的願望。這本書想告訴你的是，在尋找聖殿的辛苦歷程中，怎麼將渴望轉化為行動。

最後的步驟是希望你投身一個傳統信仰、把它當作歷程的一部分。現代社會曾預言宗教的式微，這顯然並非事實；而在二十一世紀，人們的重要工作之一，就是要投入他們所信仰的宗教傳統中，並以此為基礎，與其他宗教一同建立和平。

聖本篤形容他的隱修院是「侍主的學校」。這表示他最基本的觀點之一是，如果你要在生活中獲得和平，就必須進入這樣一所學校；你可以靠自己得到一己之安寧，卻不可能得到和平。

在聖本篤的時代，一如在今日的修士和修女一樣，唯一可能得到和平的學校，就是隱修院和廣義的教會。在這個地球村裡，不只是教宗若望．保祿二世，我們也看得出，世界上所有的傳統宗教，都可以是那些願意虔心跟隨之人獲得和平的學校。因此我想建議，在尋找聖殿時，你可以自由選擇置身在教會，或其他的傳統宗教環境中。

你甚至可以選擇加入教會或是其他宗教信仰；但是，如果你想在精神層面獲得真正的成長，就應該從宗教中尋求其智慧和指引。

傳統的宗教信仰，能幫助你避開目前西方靈修潮流中的自我本位趨勢，而你也因此能做到教宗所說的「尋求並服從真理」。傳統的宗教信仰將幫助你達成本書所敘述的各個階段：它將提供你靜默的環境、學習如何祈禱，以及一個教你聽命順從，並體驗謙遜生活的團體。它將幫助你吸取現代靈修最好的部分。最後，它將引領你走向希望——今生與來世的希望。

奔赴聖殿

最後，我們要在天父中尋找聖殿；祂是我們最原始的聖殿。在這番追尋之初，我曾說過，如果你對宗教信仰的反應是「我不知道」，就可以繼續以開放的心胸閱讀本書。現在，在這本書的最後，你將會看到我以〈浪子回頭〉作為誦經默禱（默想式閱讀）的範例。在這個寓言中，年幼的兒子回頭尋找他的父親，但年長的兒子卻不能加入這個快樂的團聚。面對是否加入這個信仰的慶典，或許你仍感不願，或猶豫不決，但你在這個故事中仍有一席之地，那是天父要求給你、卻不強迫你留下的位置。

我還是希望，現在的你已經準備好加入浪子回頭的路，前往天父賜予你的聖殿——一個回歸生造我們的天父的旅程。在回歸最原始聖殿的旅途上，聖本篤是一位可靠而嚴苛的嚮導，告訴我們下一步該怎麼走，並不斷要求我們捨棄蹣跚步履、大步前行！

「當我們在修道生活與信德上逐漸深入時，心必開朗，那甜蜜得不可言喻的愛驅使我們，在天主誡命的道路上奔馳」(《聖本篤會規》序：49)。

我要以最後一則曠野教父和教母的故事，為你的旅程加油打氣：

一位年輕的修士去拜訪他的上司，他說：「神父，我必須離開修道院，因為我很清楚自己沒有當一名修士的能力。」當年長的修士問起他原因，年輕的修士這麼回答：「除了每日要求自己和善、禁欲與審慎之外，我還是不斷地犯罪。所以我想自己並不適合隱修生活。」年長的修士慈愛地看著他，並說：「弟兄，隱修生活就像這樣：

我跨越了，然後失敗；我再跨越，然後再失敗；我不斷地跨越，然後不斷地失敗。」——

年輕的修士留了下來，從此變得更加堅定。

〈誦經默禱〉

浪子回頭

我想請你和我一起分享誦經默禱。這是主耶穌的偉大寓言之一，也就是「浪子回頭」的故事；故事出自〈路加福音〉第十五章的第十一句到三十二句，而在每一個段落之後，我會寫下它在我心中引發的迴響。

「一個人有兩個兒子。小兒子對父親說，父親，請你把我應得的家業分給我。他父親就把產業分給了他。過了不多幾日，小兒子就把他一切所有的，都收拾起來，往遠方去了。在那裡任意放蕩、浪費資財。」

——這個兒子為何要離開家？或許他厭倦了日復一日的生活，於是想要「休息一下」。所以他拋開在家的忙碌生活，尋找他想像的美好時光。但美好時光結果只是一場幻影。

- 我是否遠離了天父？
- 我為何離開祂了呢？
- 我是否這麼說服自己，只要離開祂就會享有美好時光？
- 天父啊，請幫助我，不要讓我離開袮、離開生活。

「小兒子既耗盡了一切所有的，又遇著那地方大遭饑荒，就窮苦起來。於是去投靠那地方的一個人。那人打發他到田裡去放豬。他恨不得拿豬所喫的豆莢充飢，也沒有人給他。他醒悟過來，就說，我父親有多少的雇工、口糧有餘、我倒在這裡餓死麼。」

——這個兒子飢餓難當，但他渴望的不止是食物而已。他孤苦無依，沒有人關心。他感到絕望。

- 我曾深感絕望嗎？
- 當我感到絕望時，我向誰求助？
- 就算我擁有許多，我還會感到飢餓、空虛嗎？

●天父，天父，祢為何遺棄我？

「我要起來，到我父親那裡去，向他說，父親，我得罪了天，又得罪了你。從今以後，我不配稱為你的兒子，把我當作一個雇工罷。於是起來往他父親那裡去。」──軟弱之際，他回去找他的父親。但那正是充滿啟發的一刻，因為他相信父親不會拒絕他。

●我也能如此謙遜嗎？

●我該如何學到這種謙遜呢？

●我能上哪兒找到為天父接受的有力信仰？

●天父，幫助我回到祢身邊。

「相離還遠，他父親看見，就動了慈心，跑去抱著他的頸項，連連與他親吻。兒子說，父親，我得罪了天，又得罪了你。從今以後，我不配稱為你的兒子。父親卻吩咐僕人說，把那上好的袍子快拿出來給他穿。把戒指戴在他指頭上。把鞋穿在他腳

上。把那肥牛犢牽來宰了，我們可以喫喝快樂。因為我這個兒子，是死而復活、失而又得的。他們就快樂起來。」

——當他還在很遠的地方時，父親就原諒他了。兒子小小的一步，對應的卻是如此強烈的父愛。父親從未放棄過愛他，如今正表達出他的愛。當我轉向天父、而天父也對我顯露這樣的愛時，會是多麼喜樂的一幅景象？

- 我能承認自己有罪嗎？
- 是什麼阻止了我？
- 我是否為了寬宥而重感喜悅？
- 天父，悲憫我是罪人。

「那時，大兒子正在田裡。他回來離家不遠，聽見作樂跳舞的聲音，便叫過一個僕人來，問是甚麼事。僕人說，你兄弟回來了，你父親，因為得他無災無病的回來，把肥牛犢宰了。大兒子卻生氣，不肯進去。他父親就出來勸他。他對父親說，我服事你這多年，從來沒有違背過你的命。你並沒有給我一隻山羊羔，叫我和朋友，一同快樂。但你這個兒子，和娼妓吞盡了你的產業，他一回來，你倒為他宰了肥牛犢。父親對他說，兒啊，你常和我同在，我一切所有的，都是你的。只是你這個兄弟，是死而復活、失而又得的，所以我們理當歡喜快樂。」

——這個哥哥是位忙碌而嚴肅的人。他當然既生氣又感傷，而他也無法走出自己的世界和妄自尊大；錯過解脫的機會，是多麼可惜事啊。

● 我心裡也有這樣的長兄嗎？我是否過於忙碌和自大？

● 我會忌妒其他人嗎？

● 我為何不能放手呢？

● 天父，請讓我成為祢和平的通道。

最後，讓我們一起祈禱：「我們的天父，願祢的名受顯揚，願祢的國來臨……」

誌謝

我的第一座聖殿是我的家庭。我要為此感謝我的家人，特別是我的母親，她永遠都是我的聖殿，還有我的哥哥東尼（Tony），這本書從頭到尾，他都幫了我很多忙。我現在的聖殿是渥斯隱修院，這本書也要獻給我的修院弟兄們。我特別要感謝路克・喬利（Luke Jolly）、馬克・巴雷特（Mark Barrett）和馬丁・麥基（Martin McGee）三位神父，他們對本書的內容提供了許多有益的批評。

我要謝謝我的編輯海倫・嘉諾斯—威廉斯（Helen Garnons-Williams），她催生了本書，並在寫作過程中提供我一切支援。與這樣一位聰明又寬大的編輯共事令人愉快。

隱修生活的價值，在《修院生活》節目中一覽無遺。為此，我要感謝 Tiger Aspect 公司的製片團隊，以如此細膩的手法描繪了我們的生活：特別是系列製作人蓋柏・所羅門（Gabe Solomon）、執行製作約翰・布雷克（John Blake）和查爾斯・布蘭（Charles Brand）；製作人暨導演鐸藍・卡尼爾（Dollan Cannell），還有助理製作人依莉莎白・史托弗（Elizabeth Stopford）和節目經理海蒂・賀普（hettie Hope）。同時我也要感謝BBC的專案編輯傑基・休斯（Jacqui Hughes）對這個計畫深具信心。能與這些結合了媒體技術和正直品性的人共事，我榮幸之至。

除了他們，我必須感謝參與節目的五位男士；他們真誠的探索是這個節目的核心，我們很高興能成為他們的朋友。

最後，我要感謝在節目播出後，寫信或前來拜訪我們的數以千計的人們。你們的肯定對我們非常寶貴，在我們持續地打造渥斯這座聖殿時，這也是極大的鼓勵。

在誦經默禱中〈浪子回頭〉的故事，我使用的是New International Version的《聖經》版本。同時，我也要向智利的「曼奎胡運動」（Manquehue Movement）表達謝意。他們是激勵人心的俗世社團，致力於實踐《聖本篤會規》，並特別重視誦經默禱。

感謝彼特・杜艾爾（Peter Dwyer）允許我摘錄一九八〇年版的《聖本篤會規》翻譯；此書由美國明尼蘇達州科立茲維爾的禮拜儀式出版社（Liturgical Press）所出版，在學習《聖本篤會規》時，他們的博學多聞是極寶貴的資產。

廣　告　回　函
北區郵政管理登記證
北臺字第000791號
郵資已付，免貼郵票

104　台北市民生東路二段141號2樓

英屬蓋曼群島商家庭傳媒股份有限公司城邦分公司　收

請沿虛線對摺，謝謝！

書號： 1MA009X　　書名：一個人的聖殿

請於此處用膠水黏貼

讀者回函卡

感謝您購買我們出版的書籍！請費心填寫此回函卡，我們將不定期寄上城邦集團最新的出版訊息。

姓名：＿＿＿＿＿＿＿＿＿＿＿＿＿＿ 性別：□男 □女

生日：西元＿＿＿＿＿年＿＿＿＿＿月＿＿＿＿＿日

地址：＿＿＿＿＿＿＿＿＿＿＿＿＿＿＿＿＿＿＿＿

聯絡電話：＿＿＿＿＿＿＿＿＿＿ 傳真：＿＿＿＿＿＿＿＿

E-mail ：

學歷：□ 1. 小學 □ 2. 國中 □ 3. 高中 □ 4. 大學 □ 5. 研究所以上

職業：□ 1. 學生 □ 2. 軍公教 □ 3. 服務 □ 4. 金融 □ 5. 製造 □ 6. 資訊

□ 7. 傳播 □ 8. 自由業 □ 9. 農漁牧 □ 10. 家管 □ 11. 退休

□ 12. 其他＿＿＿＿＿＿＿＿＿＿＿＿＿＿＿＿

您從何種方式得知本書消息？

□ 1. 書店 □ 2. 網路 □ 3. 報紙 □ 4. 雜誌 □ 5. 廣播 □ 6. 電視

□ 7. 親友推薦 □ 8. 其他＿＿＿＿＿＿＿＿＿＿＿＿

您通常以何種方式購書？

□ 1. 書店 □ 2. 網路 □ 3. 傳真訂購 □ 4. 郵局劃撥 □ 5. 其他＿＿＿

您喜歡閱讀那些類別的書籍？

□ 1. 財經商業 □ 2. 自然科學 □ 3. 歷史 □ 4. 法律 □ 5. 文學

□ 6. 休閒旅遊 □ 7. 小說 □ 8. 人物傳記 □ 9. 生活、勵志 □ 10. 其他

對我們的建議：＿＿＿＿＿＿＿＿＿＿＿＿＿＿＿＿＿＿

＿＿＿＿＿＿＿＿＿＿＿＿＿＿＿＿＿＿＿＿＿＿＿

＿＿＿＿＿＿＿＿＿＿＿＿＿＿＿＿＿＿＿＿＿＿＿

【為提供訂購、行銷、客戶管理或其他合於營業登記項目或章程所定業務之目的，城邦出版人集團（即英屬蓋曼群島商家庭傳媒（股）公司城邦分公司、城邦文化事業（股）公司），於本集團之營運期間及地區內，將以電郵、傳真、電話、簡訊、郵寄或其他公告方式利用您提供之資料（資料類別：C001、C002、C003、C011 等）。利用對象除本集團外，亦可能包括相關服務的協力機構。如您有依個資法第三條或其他需服務之處，得致電本公司客服中心電話 02-25007718 請求協助。相關資料如為非必要項目，不提供亦不影響您的權益。】

1.C001 辨識個人者：如消費者之姓名、地址、電話、電子郵件等資訊。
2.C002 辨識財務者：如信用卡或轉帳帳戶資訊。
3.C003 政府資料中之辨識者：如身分證字號或護照號碼（外國人）。
4.C011 個人描述：如性別、國籍、出生年月日。

請於此處用膠水黏貼

國家圖書館出版品預行編目資料

一個人的聖殿：安頓心靈的七項修鍊 / 克里斯多夫．傑米森(Abbot Christopher Jamison)作；鄭明華譯. -- 初版. -- 臺北市：啓示出版：家庭傳媒城邦分公司發行, 2007.08
面； 公分. -- (Soul系列；9)
譯自：Finding Sanctuary: Monastic Steps for Everyday Life

ISBN 978-986-7470-30-0(平裝)

1.基督徒 2.天主教 3.靈修

244.9 96014855

Soul系列009

一個人的聖殿：安頓心靈的七項修鍊

作　　者／克里斯多夫．傑米森（Abbot Christopher Jamison）
譯　　者／鄭明華
企畫選書／彭之琬
總 編 輯／彭之琬
責任編輯／張立雯、彭之琬、李詠璇

版　　權／吳亭儀
行銷業務／何學文、莊晏青
總 經 理／彭之琬
發 行 人／何飛鵬
法律顧問／台英國際商務法律事務所羅明通律師
出　　版／啓示出版
台北市104民生東路二段141號9樓
電話：(02) 25007008 傳眞：(02)25007759
E-mail:bwp.service@cite.com.tw
發　　行／英屬蓋曼群島商家庭傳媒股份有限公司 城邦分公司
台北市中山區民生東路二段141號2樓
書虫客服服務專線：02-25007718；25007719
服務時間：週一至週五上午09:30-12:00；下午13:30-17:00
24小時傳眞專線：02-25001990；25001991
劃撥帳號：19863813；戶名：書虫股份有限公司
戶名：英屬蓋曼群島商家庭傳媒股份有限公司城邦分公司
訂購服務／書虫股份有限公司客服專線：（02）2500-7718；2500-7719
服務時間：週一至週五上午09:30-12:00；下午13:30-17:00
24時傳眞專線：（02）2500-1990；2500-1991
劃撥帳號：19863813 戶名：書虫股份有限公司
讀者服務信箱：service@readingclub.com.tw
城邦讀書花園：www.cite.com.tw
香港發行所／城邦（香港）出版集團有限公司
香港灣仔駱克道193號東超商業中心1樓；E-mail：hkcite@biznetvigator.com
電話：(852) 25086231 傳眞：(852) 25789337
馬新發行所／城邦（馬新）出版集團 Cite (M) Sdn. Bhd.
41, Jalan Radin Anum, Bandar Baru Sri Petaling, 57000 Kuala Lumpur, Malaysia.
Tel: (603) 90578822 Fax: (603) 90576622 Email: cite@cite.com.my

封面設計／李東記
排　　版／極翔企業有限公司
印　　刷／城邦印書館股份有限公司
經 銷 商／高見文化行銷股份有限公司、華宣出版有限公司

■2007年8月16 日初版
■2020年12月28日二版2.5刷 Printed in Taiwan
定價250元

Original title: Finding sanctuary by Christopher Jamison

城邦讀書花園
www.cite.com.tw

 ISBN 978-986-7470-30-0